辽宁科技大学学术著作出版基金资助

耐久性复合路面板与架构水泥稳定碎石

张铁志　孙双伟　著

北　京
冶　金　工　业　出　版　社
2021

内 容 提 要

本书是道路工程领域很有价值的一部著作，集成了多年来作者对耐久性复合路面板和架构理论下水泥稳定材料的研究成果。

本书共分两篇。第一篇详细阐述了装配式复合路面板的设计理论与方法、板块嵌锁碎石的平面点阵计算与布置、层间连接与板块间填缝料试验以及试验路的铺筑等；第二篇主要阐述水泥稳定材料的架构理论研究、架构理论下水泥稳定材料设计方法、新型无侧限抗压强度试验设备的开发、架构理论下的水泥稳定材料力学性能预测、架构理论设计方法在水泥稳定材料中的应用等。

本书可供道路工程领域的科研工作人员、工程技术人员以及相关专业师生阅读参考。

图书在版编目(CIP)数据

耐久性复合路面板与架构水泥稳定碎石/张铁志，孙双伟著．—北京：冶金工业出版社，2021. 1

ISBN 978-7-5024-8700-3

Ⅰ. ①耐…　Ⅱ. ①张…　②孙…　Ⅲ. ①耐用性—复合式路面—水泥稳定砂砾　Ⅳ. ①U416. 224

中国版本图书馆 CIP 数据核字（2021）第 019182 号

出 版 人　苏长永
地　　址　北京市东城区嵩祝院北巷 39 号　邮编　100009　电话　(010)64027926
网　　址　www.cnmip.com.cn　电子信箱　yjcbs@ cnmip. com. cn
责任编辑　刘小峰　曾　媛　美术编辑　郑小利　版式设计　禹　蕊
责任校对　李　娜　责任印制　李玉山
ISBN 978-7-5024-8700-3
冶金工业出版社出版发行；各地新华书店经销；北京捷迅佳彩印刷有限公司印刷
2021 年 1 月第 1 版，2021 年 1 月第 1 次印刷
169mm×239mm；11. 25 印张；218 千字；169 页
89. 00 元

冶金工业出版社　投稿电话　(010)64027932　投稿信箱　tougao@cnmip. com. cn
冶金工业出版社营销中心　电话　(010)64044283　传真　(010)64027893
冶金工业出版社天猫旗舰店　yjgycbs. tmall. com
（本书如有印装质量问题，本社营销中心负责退换）

前　言

本书是作者和团队多年的科研成果，在耐久性装配式复合路面板和架构理论下水泥稳定碎石材料两个方面进行了有益探索，理论方法上有所突破与创新，实践应用上可行、可操作。

在我国北方季冻地区，水泥混凝土路面在冬季除雪盐的作用下会出现剥蚀，沥青路面在夏季高温及重载作用下会出现推移、车辙和开裂，这一矛盾和问题长期困扰着广大科技工作者和工程技术人员。

针对上述问题，本书介绍了相关研究成果，提出并设计了一种新型装配式抗推移耐盐蚀耐久性复合路面结构，即理论上采用碎石点阵分散应力力学模型，结构上采用水泥混凝土与嵌锁碎石联合受力、沥青混凝土封面的特殊复合结构，很好地解决了我国北方地区沥青路面夏季黏塑性推移变形、水泥路面冬季盐蚀破坏两类最典型的路面损坏难题，从而达到抗推移、耐盐蚀、施工快捷、减少施工影响的目的。

水泥稳定材料是典型的道路基层材料，按系统论观点其属于弱混凝土。长期以来，国内外的研究应用都将水泥稳定材料作为一种独立的水泥基材料，研究思想具有一定的局限性。目前常规的设计方法均以试验为主，试验工作量较大，周期长，也深受人为因素和环境因素影响，其准确性、可比性有待提高，在科学研究和工程实践中对常用的水泥稳定材料力学指标的预测需要补充和完善。

本书按照系统论观点，将水泥稳定材料看做是水泥基材料的子系统，按照水泥混凝土架构理论研究水泥稳定材料，并引入超细粉填充模型，建立了以标准水泥稳定材料、细浆比的偏离、架浆比为主要概念的超细粉填充密实骨架物理模型，提出了以水泥剂量、架浆比、细浆比的偏离为基本参数的力学性能数学模型，借鉴沙庆林院士提出的水泥稳定材料粗集料中断级配设计理念，对 CBG-20、CBG-16、CBG-13、CBG-10 的级配组成计算参数进行了修正，对五种型号水泥稳定碎石的抗压强度、劈裂强度、抗压回弹模量与主要影响因素的关系进行了回归，分析了水泥稳定材料的微观结构对宏观力学性能的影响，并开发研制了自动化无侧限抗压强度试验机，为科学研究和工程实践奠定了基础。

大连理工大学潘宝峰教授对本书进行了详尽的审核，在此表示诚挚的谢意。

鉴于作者水平，书中难免有不足之处，敬请专家学者及读者随时联系斧正。

张铁志
2020 年 9 月于辽宁科技大学

目　录

第一篇　装配式复合路面板的研发与应用

第二篇 水泥稳定材料架构理论及应用

第一篇

装配式复合路面板的研发与应用

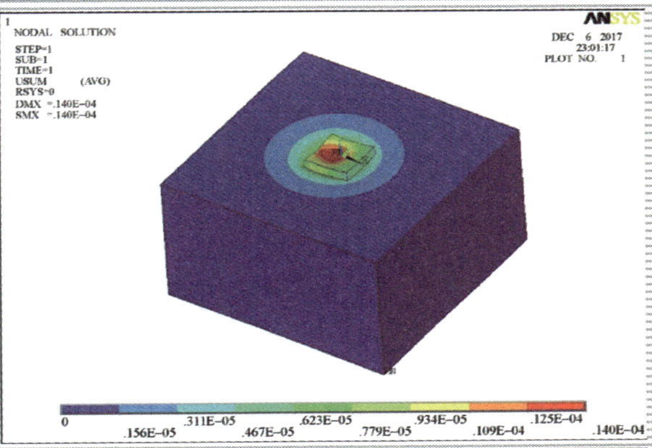

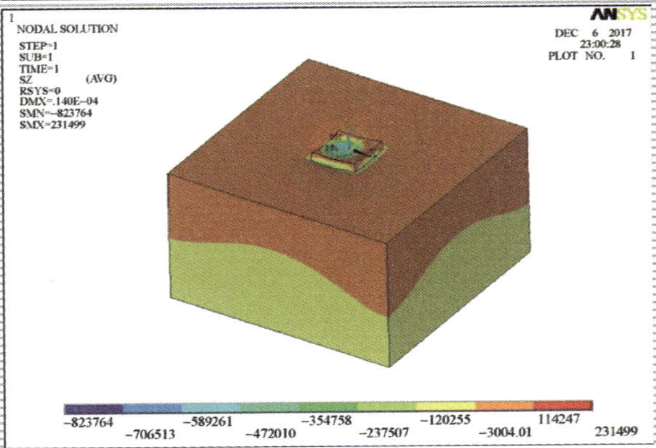

1 路面病害问题及现状

1.1 背景与研究意义

近 20 年来，我国公路里程大幅度增长，建设之快，世界瞩目。目前，我国的路面结构形式主要是水泥混凝土路面和沥青混凝土路面。这两种路面各有各的优势，但是在实际的工程中也出现了很多问题：沥青混凝土路面在车辆荷载的不断作用下会出现拥包、车辙、推移等病害；而水泥混凝土路面多为除冰、雪盐侵蚀、板面剥落露骨等病害，如图 1.1、图 1.2 所示。这些病害使路面真实的使用寿命大打折扣，对路面的发展和车辆的行驶都造成了很大的困扰。

图 1.1 沥青混凝土路面破坏

Fig. 1.1 The damage of asphalt concrete pavement

最近这些年针对以上路面形式的病害，各国研究者提出了一些针对性的措施，但是并没有取得很好的效果。在此大背景下，针对这种现状本研究提出了一种装配式复合块料路面，为解决这一难题提供一个方向。

装配式复合块料是在工厂通过电脑控制生产高精度、高质量产品，使原来施工现场的摊铺碾压等工序均在工厂里完成，可控性强。装配式复合块料路面也是一种可以拆卸的“活路面”，但是它不同于简单地在水泥混凝土基层上加铺沥青

图 1.2 水泥混凝土路面盐蚀破坏

Fig. 1.2 The cement concrete pavement and salt corrosion

混凝土面层，而是以水泥混凝土板块为路面载体，凸出的嵌入式碎石为传荷支撑媒介，在沥青混凝土和水泥混凝土之间的沥青胶浆为防盐蚀的保护层，从而达到抗推移、耐盐蚀的效果。

本研究拟为我国北方地区沥青混凝土路面夏季黏塑性推移变形、水泥混凝土路面在冬季受到盐蚀破坏这两类最典型的路面结构破坏难题提出一种解决方案，并进一步用于指导施工。

对于大型路面工程，如果使用复合式路面块料，现场省去了大量的施工机械设备和操作工作人员，省去了现场对沥青混凝土的碾压速度、摊铺速度、厚度、压实度、平整度、温度等多方面的质量控制以及检测，省去了现场对水泥混凝土施工的各道工序和检测，只需吊装、拼接、连接等工序即可，而且产品生产不受季节和天气的约束，特别是南方的雨季和北方的冬季，复合路面块料可在此时预先生产出来，在适宜的天气和温度下进行拼接施工。

而对于小型的局部新建工程，如小区道路、桥面铺装、场站等（见图 1.3、图 1.4），可以像铺筑水泥混凝土道板砖一样铺筑复合路面块料，而且质量容易控制，易满足使用性要求。

对于路面局部坑槽修补工程，可使用不同尺寸和厚度规格的复合路面块料，进行对应的替换工作，不用完全破坏路面，方便快捷、经济高效。由此可见，复合路面块料在质量方面有充分保证，在人力、物力、财力消耗上比传统工法少得多，保守估算，成本也可降低 20%~40%，重要的是使用复合块料路面，工期可以灵活调整，资源可达到最佳配置和优化，并可方便地实现复合块料路面的产品

图 1.3 人行道
Fig. 1.3 The sidewalk

图 1.4 公园道路
Fig. 1.4 The park road

多样化，如改变形状、改变颜色、改变原材料、改变厚度等。

只要解决复合路面块料拼装技术，保证质量，复合路面块料的市场需求还是很大的，其优异的性价比明显具有广阔的前景，更容易推广，主要应用领域有新建大型路面工程、小型的场站工程、桥面铺装、小区道路、局部坑槽修补工程等。

综上所述，如果将本研究的复合块料路面用于工程实际，可大大节约工程成本，相应地也会减少施工难度和强度，灵活地调整施工工期，延长路面结构的使用寿命，损坏后的维修相对来说比较方便；而且在工厂化生产下，质量容易保证，特别是在北方季冻地区，既避免了沥青路面高温产生推移车辙、低温脆硬开裂的弊端，也弥补了水泥路面冬季易被融雪剂侵蚀破坏的不足；应用前景较为广阔，预期可将复合块料应用于地方三级、四级公路以及厂区道路、校园、人行道、居民小区、广场等各种场合。

1.2 国内外研究现状

装配式复合块料路面就是利用预制好的板块进行铺筑的路面，目前来说，板块主要分为木块、砖块、石块和混凝土块等材质。其中，以预制水泥混凝土块最为常见[1]。水泥混凝土预制块路面一般是由单个平面尺寸在 30cm×30cm 以下厚度各异的预制块体，铺筑在路面基层上形成的特殊路面结构形式，主要包括普通混凝土砌块和混凝土联锁块（单向联锁和双向联锁）两种，经过多年的研究表明水泥混凝土预制块路面是一种既经济又环保的路面结构类型，在国外高等级公路中已经有很多应用的先例，但是在我国高等级公路中的应用还处于空白状态。

国外针对小尺寸的预制块路面研究始于 20 世纪 60 年代，但是直到 20 世纪 70 年代中期才进行了一些相关方面的试验工作。其中，研究结构主要以澳大利亚 B. Shackel 教授和英国 J. Knapton 的研究最具代表性。他们为了检验小尺寸预制块体结构层对于竖向荷载的扩散能力，J. Knapton 等人在 2m×2m 的刚性基础上进行了小尺寸预制块铺面的荷载扩散能力试验，通过埋设压力盒来测定在不同铺砌方式、不同块体形状、不同厚度下基层顶面的压应力[2,3]，得出了一些重要的结论。试验结果进一步表明，随着施加荷载的不断增加，块体层扩散荷载的能力呈现出逐渐增强的趋势，而砌块的铺砌方式、形状以及厚度对于荷载扩散能力几乎没有影响[4]。J. Knapton 教授等随后又进行了一些现场的足尺试验，即试验路的基层为粒料层，而路基为重黏土，测试了在 64kN 的荷载作用下，不同厚度的基层小尺寸预制块的铺面承载能力特性。试验的结果还表明了预制块的铺面在铺筑完成后最初使用的时候变形会比较大，而经过一定的稳定期后，后期的变形会变得越来越小[5]。

在 1977~1982 年这段时间，澳大利亚的学者 B. Shackel 等人进行了许多的现场实验，还进行了少量的集装箱荷载作用下的破坏试验和重车模拟试验，还对砌块铺面的抗滑性能进行相关的试验，另外还进行了模拟降雨试验，通过这几个试验，得出了一些重要结论[6]。

新西兰、荷兰、日本等很多国家的研究者也进行了相关的试验研究。例如，日本的著名学者 Y. Miura 主要进行了相应的足尺试验，来验证采用 CBR 法设计砌块铺面结构的可能性和砌块铺面力学性能，实验结果得到了具体块体结构层的回弹模量和相对强度系数[7]。

另外，欧洲其他国家的研究学者也进行了一些预制块相关的研究，但是这些研究在时间、空间上的跨度还是比较大的、试验条件件和实验措施也不完全相同，即便如此他们仍然得出了许多一致的结论，这在一定程度上对预制块铺面的发展方面起到了很大的推动作用。

国际路面用小型构件技术委员会一般定期每隔 3 年举行一次关于混凝土预制块路面的国际性重要学术会议，一方面将很多国外学者的研究进行综合归纳，另一方面也推动将理论研究逐渐转化为实践应用和推广。最近的会议重点强调注重混凝土预制块路面的耐久性以及排水功能。

此外，美国的学者 David 通过一些试验研究，制定出了评价预制块路面接缝渗水特性的建议试验方法[8,9]；日本的著名学者名彦唐泽博士则是针对混凝土预制块路面的结构和施工方法进行相关的研究，最终的研究结果倾向于建议采用 CBR 法对基层的结构进行设计；而德国 Jone Howe 教授侧重于研究将混凝土预制块铺砌到废旧沥青混合料基层上，作为城市道路进行使用[10]。

加拿大的一些学者研究了将混凝土预制块铺筑的路面用于履带式军用车的通行道；西班牙学者 Bernat、阿根廷学者 Silvie 着重对用于路面铺砌的预制块的颜色和形状进行了一些研究，提出采用足形路面砖和彩色路面砖铺筑景观路面的想法；巴西南里奥格兰德市政大学研究了将炉渣作为加工预制块的骨料[11]；而以色列的研究是将混凝土的预制块用于城市轻轨交通并获得很大成功。

不难看出，国外相关领域的研究人员近些年来对混凝土预制块路面的研究，比较倾向于进行混凝土预制块路面的相关适用领域和铺面的路用性能，主要包括预制块自身的色彩、形状、材料等方面，再加上一些功能性预制块的研究与开发。而对于真正涉及预制块路面结构的施工工艺研究、承载力特性、结构设计方法等的研究相对以往均有所减少。就目前来说，关于预制块路面的结构设计，并没有统一的说法，主要还是通过经验法来进行的。

相对于国外大量关于预制块路面的研究来说，国内关于预制块路面的研究就显得少之又少，最具有代表性的当属同济大学孙立军教授在 20 世纪 90 年代末研究的关于混凝土预制块路面的结构设计方法和承载特性，其中不仅采用了有限元的方法对混凝土预制块的模型进行了优化，建立了表层带缝轴对称预制块路面的力学模型，还对预制块铺面的表面位移、结构层内的应变、应力进行了计算[12]。

2009 年，云南省交通厅通过了一个由云南省路桥股份有限公司和重庆教科院牵头的立项项目，主要就是为了开展小尺寸的混凝土铺筑的路面用于高速公路停车区路面铺装的应用技术研究[13]。基于此项目重庆交通大学的王火明博士对预制块的力学行为以及结构设计方法进行了相关的研究，得出了一种基于力学方法的结构设计方法，并且利用大型环道实验室进行了试验段的铺设，获得了大量的原始数据[14]。

虽然我国国内针对混凝土预制块路面的理论研究还比较少，但是并不代表着我国预制块路面的停滞不前，也不意味着相关的工程实践和工程应用销声匿迹，其实恰恰相反，关于混凝土预制块的工程实践还呈现出越来越多的趋势，我们随处可见的公园、城市人行道、小区等大多都是采用预制块路面（见图 1.3、图 1.4），不仅有规则的砖块，还有嵌锁块、异形块、混凝土砌块等。并且我国专门针对这些预制块的领域根据实践编制出了《联锁型路面砖路面施工及验收规程》（CJJ 79—98）和《混凝土路面砖》（JC 446—2001）两本行业标准规范，这大大促进了预制块路面的发展。

但是就国内的这些行业标准规范而言，还并不完整，主要是没有针对小尺寸的预制块路面成熟统一的质量保证措施、施工工艺、设计方法等。目前偏向于实际的工程经验，还缺少相关理论方面的依托，而且应用范围比较狭窄（目前仅在低等级公路中有相关的应用，高等级公路的应用尚未进行）。总体而言，国内混凝土预制块路面的实践走在了理论研究的前面，这就更需要对这种预制块路面结构形式等方面开展系统的试验和理论研究工作。

1.3 研究内容和技术路线

1.3.1 研究的主要内容

针对装配式块料的研究主要有：装配式复合块料路面的设计理论与方法；选择合适平面尺寸大小的水泥混凝土板块；在水泥混凝土层表面镶嵌等粒径块石；块石间浇筑沥青胶浆保护层。表面镶嵌等粒径块石是为了使浇筑其间的沥青胶浆或细粒式沥青混凝土不受荷载作用，车轮荷载主要由与轮胎接触的嵌入块石承担。其中，对板块厚度与材料、平面大小与形状、嵌入块石大小和方式，以及块间连接方式及上下层连接方式等方面都需要做细致深入的研究与探索。

（1）路面板块的设计理论与方法研究。

1）以 CBR 设计方法和等效厚度设计方法为基础，对路面板块的厚度进行设计，包括新建路面与补强加铺路面的厚度设计[15]。

2）运用大型有限元软件 ANSYS 进行三维建模，计算不同厚度和不同平面大小的板块应力应变场的分布，以确定板块的最佳几何形状。

（2）混凝土配合比设计与强度试验。对不同平面尺寸、不同厚度的块料，使用不同的水泥混凝土配合比设计，以满足弯拉应力、应力集中以及碎石嵌入的牢固性。因此，不同厚度和大小的块料水泥混凝土层需要做不同的配合比设计。

（3）封层用密级配沥青胶浆或细粒式沥青混凝土。本研究以沥青胶浆或密级配沥青混凝土为封层，保护水泥混凝土不受除冰雪盐侵蚀。为达到不渗水、与混凝土层黏结牢固的目的，需要对其胶结材料和配合比进行选择、计算和试验[16,17]。

（4）半刚性基层柔性连接层（沥青混凝土或沥青胶浆层）试验研究及板块间填缝连接试验研究。本研究的复合路面块料，可铺设在半刚性基层上（高等级、重交通道路），也可铺设在低剂量砂砾垫层上（低等级、中轻交通道路）。前者需要做半刚性基层柔性连接层（沥青混凝土或沥青胶浆层）试验研究及板块间填缝连接试验研究，后者需要做好板块间填缝连接试验研究，勿使雨水渗入层下。

（5）板块嵌锁碎石的平面点阵计算与布置研究。为使块料的水泥混凝土层不受除冰雪盐侵蚀，上封沥青胶浆或沥青混凝土；为使沥青胶浆或沥青混凝土不受荷载作用而产生推移变形，在水凝混凝土层上嵌入碎石。对嵌锁碎石的布设数量与布设方式、嵌入深度需要进行设计和试验，建立数学模型，进行应力集中计算、嵌入牢固性计算、荷载分散状态计算。

（6）试验路的铺筑与性能测试。本研究所设计的结构块料，需要在实际工程中试铺，以检验施工工艺、结构性能，包括铺设工序的合理性、层间结合性、块间连接性、平整度、渗水性以及弯拉应力、抗推移、抗盐蚀能力等[18]。

1.3.2 技术方案和工艺路线

（1）技术方案。本研究的技术方案包括：

本研究主要是采用理论研究与试验研究相结合、室内试验与实际工程试验相结合、力学模拟与力学试验相结合的方法进行相关研究。

理论上借鉴 CBR 设计方法和等效厚度设计方法，同时运用 ANSYS 有限元软件进行模拟计算，校核设计厚度的合理性以及平面尺寸的效应，根据重车轮胎接地面积和重车荷载计算，确定板块嵌锁碎石的平面点阵布置。

为满足水泥混凝土板块的车辆荷载与温度荷载综合作用下的层底弯拉应力，材料设计可以采用 C30 水泥混凝土，力争增加层底的抗弯拉能力；沥青胶浆及沥青混凝土配合比设计主要减少空隙率，这在设计中可以控制；板块的制作与生产可通过混凝土搅拌机拌制混合料，通过标准模具在振动台上成型，碎石嵌入需要人工或机械操作。

（2）工艺路线。先进行设计和理论方法研究，确定板块厚度、平面尺寸和碎石嵌锁方案，再进行水泥混凝土配合比设计和沥青混合料配合比设计，进而进行板块底面、板边联结及接缝工艺研究，最后在实际道路上进行试铺试验，探索总结施工工艺，并开展质量和效果的监测，进而对比经济成本。

技术方案与工艺路线如图 1.5 所示。

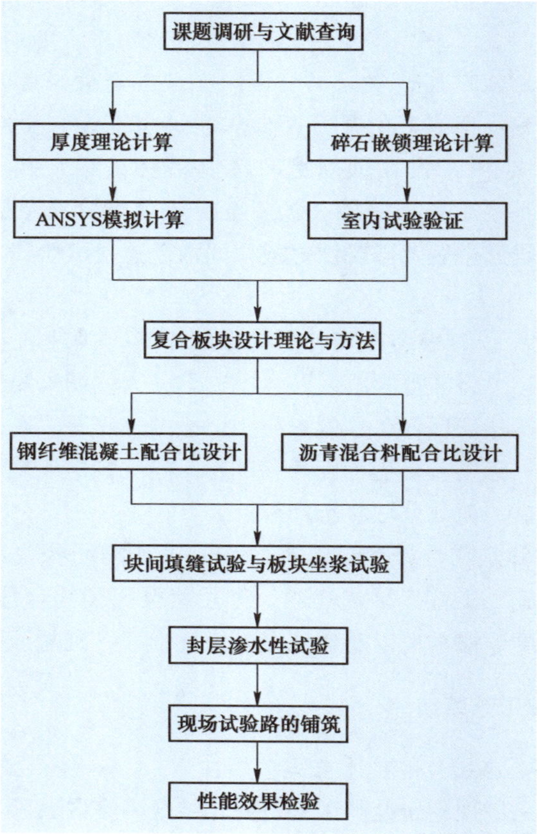

图 1.5　技术方案与工艺路线图

Fig. 1.5　Technical scheme and process map

1.4　在交通发展中的作用

目前在我国北方季冻地区的路面工程，沥青混凝土路面在荷载作用下主要会出现拥包、车辙、推移等病害，水泥混凝土路面多为除冰雪盐侵蚀、板面剥落露骨，路面寿命大打折扣，本研究讨论的复合块料路面无疑是路面工程施工的革命性改变。

无论是大型工程还是小型工程，质量和寿命的保证是第一位的。复合路面块料最大的特点和优势就是各项技术指标通过工厂化生产控制完成，主要指标不必再行检测，远优于和高于现场施工质量。重要的是解决了沥青路面的高温问题和水泥混凝土路面除冰盐侵蚀问题。

成本是工程领域关注的重点，以复合路面块料工法施工，人财物消耗很少，是真正的低碳节能绿色工程。因此，复合路面块料的研究与应用，对交通事业的发展会产生巨大的推动作用，直接和间接的经济效益和社会效益十分显著。

通过本研究，拟为北方季冻性地区的交通现状提供一种经济适用的解决方案，大大缓解目前交通中的路面问题现状，促进道路结构的丰富性，形成多元化的道路格局。

2 装配式复合板块结构设计方法研究

经文献资料查询，现有的路面结构设计方法中，无论是沥青混凝土路面还是水泥混凝土路面，最初都是依据路面古典设计理论进行相关的设计，而古典设计理论主要是以静力平衡原理为基础，假定车辆荷载是集中荷载或圆形均布荷载，以某一不确定的分布角通过路面传递给路基，只有在荷载的单位压力满足路基顶面的容许承载力的条件下达到静态平衡，以此进行路面结构总体设计。目前，无论是沥青路面还是水泥混凝土路面，路面结构设计方法的演变越来越多样化，但是并没有针对装配式块料路面的结构设计方法[19]。

2.1 复合预制块料设计理论

装配式复合块料铺筑的路面结构既不同于水泥混凝土路面，也有异于沥青混凝土路面结构，更不是水泥混凝土上简单地加铺沥青混凝土，故不能简单地采用等效原则进行路面结构的整体设计。

一般路面结构设计主要包括两方面的内容：一方面是根据路面的等级、使用功能，进行各个结构层的组合设计，主要是确定各个结构层的材料类型和厚度，对拟定的路面结构进行力学计算，如果计算结果满足设计指标要求，则所拟定的结构通过验算，理论上设计可行，否则应调整结构层的材料和厚度，重新进行计算，直到设计指标满足要求；另一方面是根据路面结构所采用的材料类型，进行材料组成设计，这方面工作关系到以后路面的施工质量以及路面的使用性能[20]。

由于现有的路面结构设计没有专门针对装配式复合块料路面的设计方法，这就需要考察其他路面结构设计理论，从而形成本研究的设计方法。路面结构设计理论与方法主要有等效厚度理论设计法、CBR 设计法、流固耦合动力学法、基于有限元的结构设计方法。

2.1.1 等效厚度理论设计法

等效厚度理论设计法是一个统称，包括的内容比较多，其中力学分析法和等效厚度法计算和理论均较为完善。

（1）力学分析法。力学分析法主要是采用弹性多层体系理论或者弹性半空间体系理论，依据力学分析结果进行设计。其中，澳大利亚的 Shackl 研究的成果较系统，具有代表性。

1）设计指标。对沥青混凝土路面而言，轻交通道路的设计容许车辙深度为40mm，重交通的设计容许车辙深度为10mm。对于碎石基层的预制块路面也是以车辙深度作为一个设计指标来实现的。其中澳大利亚的标准在郊区或工业区为15~20mm，在市区变为5~10mm。1977 年的 SHELL 相关标准中，主要是通过控制累计当量轴次 N 作用下来实现竖向压应变 S_v（微应变）的计算。

$$S_v = \frac{2800}{N^{0.25}} \tag{2.1}$$

对于半刚性基层的路面而言，可以根据材料试验来确定其容许弯拉强度，半刚性路面基层的路面结构则主要以基层的疲劳开裂作为设计指标的，其容许拉应变 S_t 可由式（2.2）计算得到；对于水泥稳定类基层的设计指标为容许曲率半径 R，其计算可由式（2.3）得到。

$$S_t = \frac{993500 f'_c}{6E_b^{1.022} N^{0.0502}} \tag{2.2}$$

$$R = \frac{KN^{0.025} H^3}{(2.1H - 1)^2} \tag{2.3}$$

式中 N——累计当量轴载作用次数；
f'_c——基层材料的抗压强度；
E_b——材料的模量；
H——层厚；
K——土质常数。

2）荷载。在进行路面结构的设计以及力学相关参数计算时，针对不同的设计要求对轮胎压力的考虑也会相应的有所不同。另外，加上现实生活中的车辆轮载大小、车辆类型以及轮胎压力都不尽相同，所以必须要考虑荷载的叠加效应，一般均采用 Miner 定律来考虑。

变幅荷载作用下 n 个循环造成的损伤则按式（2.4）计算得到。

$$D = \sum_{i=1}^{1} \frac{1}{N_i} \tag{2.4}$$

（2）等效厚度法。根据相关文献，预制块路面的性能并不呈现水泥混凝土路面的特性，而被认为与沥青混凝土路面相似，因此建议参考沥青路面的设计方法进行相关的结构层设计，然后按照复合预制块体层和垫层的作用进行等效置换。该思想最早于 1965 年出现在阿根廷的一篇学术论文中，论文提出利用块体层等效置换厚度为其 2.5 倍的碎石基层的观点；此后不久，美国 COE 协会则认为块体层可以等效为 16.5cm 的沥青混凝土；在 1976 年 Knapton 通过一系列实验研究，通过其实验的结果建议为：8cm 水泥混凝土块体层+5cm 砂垫层的作用与16cm 的沥青混凝土相当；1979 年日本的 Miura Y、澳大利亚的 Shackl B 等人的研究表明，厚度为其 1.1~1.5 倍的沥青混凝土层或者块体层和砂垫层的作用比厚度为其 2.1~2.9 倍的机制碎石基层更为有效。综上所述的几种方法，都是采用了等效的理念来进行相关的研究，每个国家的相关学者的结果不尽相同，但是原理相通。

2.1.2　CBR 设计法

相对于其他设计方法来说，CBR 设计法的计算更为简单方便，涉及的具体参数也相对较少，因此使用度比较高，而且早期块体路面结构的设计都是采用这种方法。实际上，CBR 设计法在本质上只是对柔性路面 CBR 设计法的某一些地方做了部分可行性修改，以使其真正适用于块体路面结构的设计。但是由于设计习惯、所用材料、荷载作用类型的不同，每个国家的 CBR 设计方法也不尽相同。具有代表性的 CBR 设计方法分别有：美国 COE 设计法、日本 CBR 设计法以及澳大利亚公路及港区块体路面设计法。三种代表性的设计方法的计算和设计都比较成熟，趋于稳定。相对于前两种设计方法而言，日本的 CBR 法更为完善，得到了国际社会的广泛认可[21]。

最著名的设计方法为日本学者在 1984 年进行试验研究结果和建立的混凝土预制块的结构设计方法，此方法总体上还是沿用了沥青路面 CBR 设计法的框架，是一个基于路基 CBR 设计法和等效 49kN 轮载作用次数的设计方法。其设计方程为：

$$H = \frac{28.0N^{0.1}}{\mathrm{CBR}^{0.6}} \tag{2.5}$$

$$T_{\mathrm{A}} = \frac{3.84N^{0.16}}{\mathrm{CBR}^{0.3}} \tag{2.6}$$

式中　H——路面结构厚度，cm；

T_{A}——具有等效厚度的全厚热拌沥青混合料厚度，cm；

N——预估的 10 年设计期内单向等效 49kN 轮载作用次数；

CBR——路基的 CBR 值。

T_{A} 可根据式（2.7）计算求得。

$$T_{\mathrm{A}} = \alpha_1 h_1 + \alpha_2 h_2 + \cdots + \alpha_n h_n \tag{2.7}$$

相对强度系数 α_i 可以根据式（2.8）计算。

$$\alpha_i = 0.00525E^{0.46}/0.44 \tag{2.8}$$

式中，E 为路面各结构层的弹性模量。

2.1.3　流固耦合动力学

流固耦合动力学是流体力学与固体力学交叉而生成的一门力学分支，它主要研究的是变形固体在流场作用下，各种力学行为以及位移对流场影响相互作用的专门科学。

在一般情况下，流体与固体都是通过两相间的界面相互作用，同时受到流体与固体来自各自的惯性力以及弹力的相互影响，这就是最基本的流固耦合问题。正是这种相互作用在不同条件下产生了形形色色的流固耦合现象。

在关于流固耦合动力学的研究分析中，研究者按照耦合机理的不同大体上将此类问题分为两大类：

第一类问题是：耦合作用只是发生在流固耦合的交界面上，两相耦合面上的平衡及协调主要是体现在方程上的耦合，如气动弹性、水动弹性等。

第二类问题是：流固两相域是部分或全部重叠在一起的。针对这类问题，考虑到针对具体的物理现象来进一步建立两相域的基本关系的本构方程，通过描述部分或者全部重叠的问题的微分方程进而体现流固耦合的动力效应。

流固耦合动力学法在铺面力学中的应用在最近几年中已经付诸实施，其中，主要是基于水泥混凝土路面上铺沥青混凝土而言的，但是局限于没有形成具体的理论计算方法。

2.1.4　基于有限元分析的方法

关于以有限元为理论基础的设计方法还尚未完全形成，研究者经过一系列的实验，主要考虑将预制块路面结构设计指标通过路面或基层的车辙深度来衡量。而车辙深度的计算仍然以沥青路面的计算方法为基础，另外还需要对沥青路面的永久变形模型做一些相应的修正。

20 世纪 90 年代中期，同济大学的孙立军教授做了大量关于联锁块路面的实验研究和理论分析工作，在基于有限元的基础上，根据相关的实验结果提出了一种适合于联锁块路面的结构设计方法。他针对级配碎石等柔性基层构成的路面结构类型，提出了承载力指标和车辙指标作为路面结构设计的设计指标，并根据其大量的实验结果分析得到了此种路面结构类型的车辙和弯沉的计算公式，如式（2.9）、式（2.10）所示。

$$l_s = 2.0418 l_i e^{-2.63h - 0.2873 l_i} \tag{2.9}$$

$$D_r = 1.9 C l_r e^{-11h} N^{0.265} \tag{2.10}$$

式中　l_s——路面设计弯沉；

l_r——路面容许弯沉，代表了路面最不利状态；

l_i——按线性关系求得的各级荷载作用下的弯沉值；

N——累计当量轴载作用次数；

h——块体层厚度；

D_r——标准轴载作用 N 次最不利状况下路表可能出现的最大车辙深度；

C——路面累计永久变形量的平均值。

2.1.5　几种设计方法分析比较

以上是现有的针对预制块路面的结构设计理论与方法。这些改进的设计方法并不能很好地反映装配式预制块路面结构的特点以及优越性。这两者的区别主要是沥青路面结构设计方法大都是建立在限制过大的弹性变形以防止疲劳开裂基础之上的，而预制块路面或者装配式复合预制块路面的疲劳效应并不十分明显。

等效厚度设计法和弹性多层体系理论设计法均是假定面层是连续体，设计的弯沉值一般都比实际偏小。当采用这两种方法进行路面结构设计时，考虑的荷载较小且结构较弱时，设计结果显然会过于保守；而当设计的荷载较大时且结构也较强，设计结果又显得过于不安全。

孙立军教授的研究成果，对本研究有很大的启迪作用，从而形成了装配式复合块料路面的设计理论与方法。

2.1.6　装配式复合块料路面结构设计方法

通过对现有设计方法的分析，形成了装配式复合块料路面结构设计方法。本研究所设计的装配式块料路面，每个板块的基本构成为：基板为C30以上普通水泥混凝土，混凝土表面嵌入抗压强度不小于20MPa、粒径为40~60mm单一粒级的粒料，粒料按100粒/m^2均匀布置，粒料的嵌入深度为粒料粒径的1/2；水泥混凝土及粒料表面洒布油水比不小于50%的慢裂快凝型阳离子乳化沥青或道路石油沥青黏层油，黏层油表面填充密级配AC-16或AC-13或AC-10或AC-5沥青混凝土做封层。复合块料路面板平面尺寸为30cm×30cm、40cm×40cm、50cm×50cm、60cm×60cm四种规格。装配式预制块板下的垫层采用细粒式沥青混凝土，方便施工以及对基层起到联结整平缓冲的作用。复合块料及路面结构组成如图2.1所示。

上述结构设计基于如下假设：

（1）基层弯拉应力和弯沉满足设计要求；

（2）基层平整度满足铺设要求；

（3）水泥混凝土基板为主要承重层，厚度满足弯拉应力和嵌入碎石的集中应力要求；

（4）黏层油足以封闭混凝土表面，以抵抗酸类、盐类侵蚀；

（5）沥青混凝土路用性能满足要求。

在以上假设基础上，装配式复合块料路面结构设计变成了水泥混凝土板块在标准荷载作用下应力应变是否满足混凝土力学要求的问题。因此，装配式复合块料路面结构设计方法和步骤分两步进行：

（1）先假定所设计的路面结构为半刚性基层沥青混凝土路面，按我国沥青路面设计规范进行路面结构设计，所拟定的沥青混凝土面层厚度按 $h_{as}=1.23h_{con}$

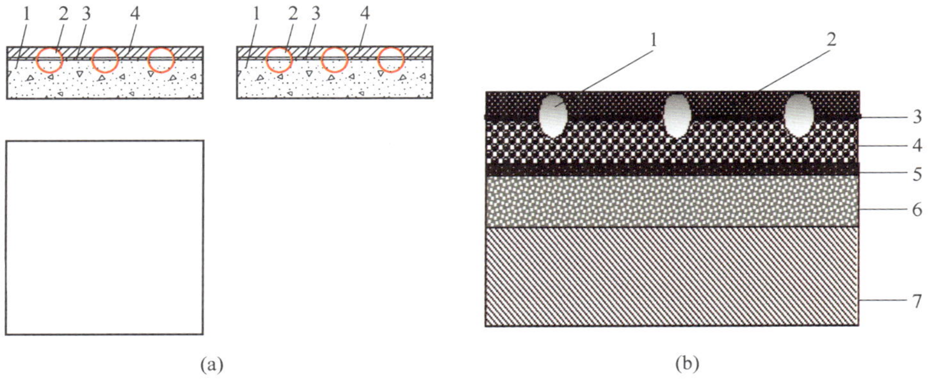

图 2.1 复合块料及路面结构组成

Fig. 2.1 The composite block and pavement structure

（a）复合块料三视图：1—水泥混凝土；2—粒料；3—黏层油；4—沥青混凝土

（b）复合块料路面结构：1—粒料；2—AC-16 沥青混凝土；3—黏层油；4—水泥混凝土；5—AC-10 沥青混凝土；6—半刚性基层；7—土基

线性内插（即美国 COE 协会的实验：8cm 水泥混凝土块体层+5cm 砂垫层的作用与 16cm 的沥青混凝土相当）。其中，h_{as}为沥青混凝土层厚度。

（2）h_{con}水泥混凝土板厚度按 ANSYS 的模型和程序进行计算，h_{con}为水泥混凝土板厚度，考察混凝土板是否满足应力应变要求，其中荷载模型依据使用要求确定。

2.2 利用 ANSYS 进行装配式复合预制块路面结构计算

2.2.1 ANSYS 有限元软件

ANSYS 是一种大型通用有限元分析软件，主要功能包括三个部分：前处理模块、分析计算模块以及后处理模块。前处理模块提供了一个强大而便捷的进行实体建模或者网格划分的工具；分析计算模块可以进行结构线性或非线性分析、动力学分析以及耦合分析等多种分析，还可以模拟不同物理介质相互之间的作用，具备优化分析的功能；而后处理模块则能够将分析计算的结果以不同的方式显示出来，如带颜色的等值线、梯度、云图、立体切片等，还可以将分析计算结果以列表或曲线的方式显示及输出。不仅能够处理均质、线性关系、弹性问题，而且能处理非均质材料、非线性关系、各向异性材料、复杂边界条件等难题。

2.2.2 结构建模

结构的建模如图 2.2 所示。其中：

（1）各结构层的参数选择。参数的选择对于模型建立后的计算有着非常大

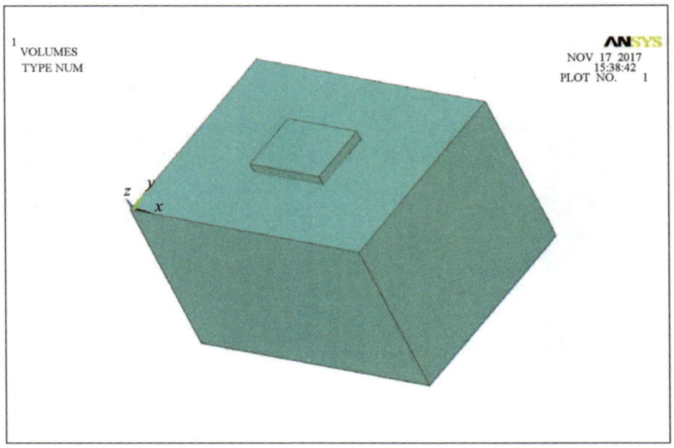

图 2.2　结构的建模

Fig. 2.2　The modeling structure

的影响，本研究主要参考相关文献将有限元模型中的各结构层参数取值为：垫层的弹性模量取 1600MPa，泊松比取 0.26；水泥混凝土块体弹性模量取 3.5GPa，泊松比取 0.16；本研究拟采用的基层为半刚性的基层材料，所以在计算基层底面弯拉应力时取基层弹性模量 1500MPa，泊松比取 0.25；最后针对土基弹性模量取 36MPa，泊松比取 0.28。

（2）网格划分（图 2.3）。在单个装配式复合预制块的有限元模型建立当中，单个装配式复合预制块的尺寸要比模型中基层小很多，但是刚度表现却要大很多，所以对装配式复合块体的划分不应该考虑过细，而应将研究的重点转移到路面基层的网格划分上。另外，由于基层底部单元的位移变形精度对于基层应力和面层竖向位移影响都比较小，所以本研究拟对基层的划分采用均匀的方式进行，保证基层顶部各个单元的划分精度，提高计算效率。

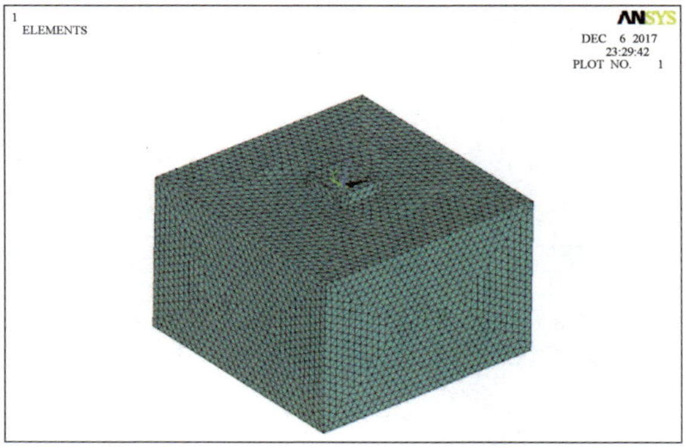

图 2.3　网格的划分

Fig. 2.3　The division of structural units

（3）荷载考虑。荷载采用单轴单侧单轮载的形式，轮胎荷载拟采用的是圆形荷载，单轮荷载按标准轴载作用下的轮胎接地面积为半径 10.65cm 的圆进行分布，而对于多后轴的车辆而言，多轴的作用相对于装配式复合预制块铺筑的路面的共同作用要小得多，故在这时可以认为轴与轴之间也类似地表现为无影响，为了简化计算本模拟均按单轴轴载来考虑。

2.2.3 计算结果及分析

（1）厚度的选择。本研究利用 ANSYS 软件分别模拟 30cm×30cm×6cm 和 30cm×30cm×8cm 两种平面尺寸相同但是厚度不同的装配式复合板块在相同荷载作用下的应力应变，如图 2.4～图 2.7 所示。从应变图中可以明显地得出：在板块厚度由 6cm 增加到 8cm 后，应变由 0.140 减小到了 0.129，也就是说在增加厚度 1/3 的情况下，应变的变化还不到 1/10，在本已经应变很小且满足日常需要的情况下，增加厚度的结果是经济性不大，从应力图中也可以得到相似的结论。综上所述，在充分考虑应力应变的前提下，综合考虑经济性和施工方便方面，最终选择了 6cm 的厚度作为进一步研究主体。

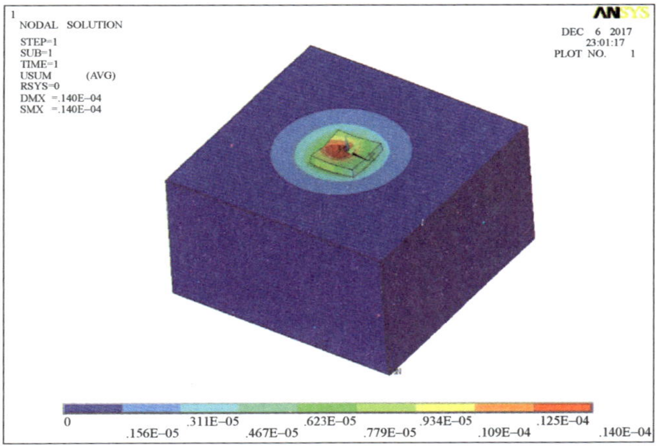

图 2.4 30cm×30cm×6cm 应变图

Fig. 2.4 30cm×30cm×6cm strain diagram

（2）尺寸的选择。在进行完厚度的模拟选择后，还要进一步确定板块的平面尺寸，本研究在接着上面的模拟情况，进一步模拟了 40cm×40cm×6cm 装配式块料的受力特性，通过再次分析应力应变云图的结果，然后与 30cm×30cm×6cm 的装配式复合预制块料的受力特性进行对比，通过各方面的对比，以达到优化板块的平面尺寸的目的。

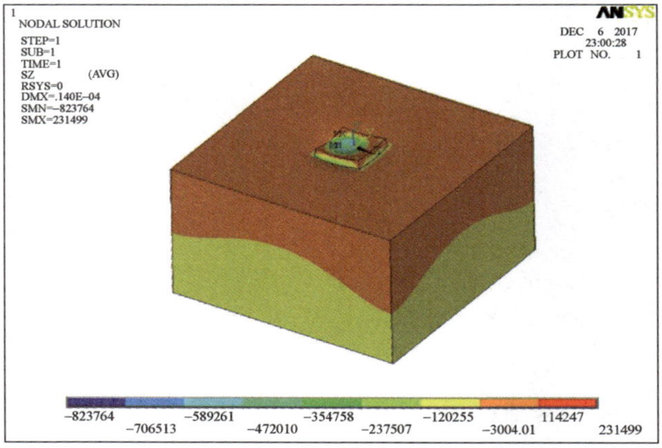

图 2.5　30cm×30cm×6cm *Z* 方向应力图

Fig. 2.5　30cm×30cm×6cm stress diagram in the direction of *Z*

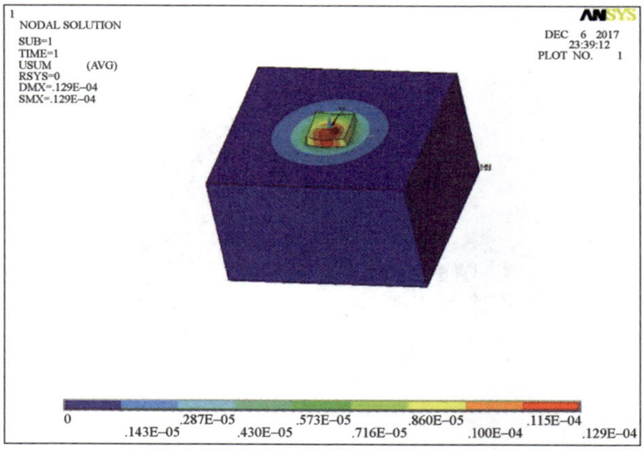

图 2.6　30cm ×30cm×8cm 的应变图

Fig. 2.6　30cm×30cm×8cm strain diagram

根据上节所述的情况，已经确定了板块的厚度，本节主要考虑板块的平面尺寸，来最终确定本研究的装配式复合块料的形状。

对比图 2.4、图 2.5 和图 2.8、图 2.9 的两种不同平面尺寸的应力应变图可以得到：在平面尺寸由 30cm×30cm 扩大到 40cm×40cm 时，应变由 0.14 增加到了 0.165，即在增加板块平面尺寸后板块在 *Z* 方向的应变增加了 18%左右，这显然是不合适的；而应力也相应的增加了 15%左右，这对板块的损伤还是很大的。故不建议增加板块的平面尺寸，虽然能方便施工，但是从经济性和受力特性上来

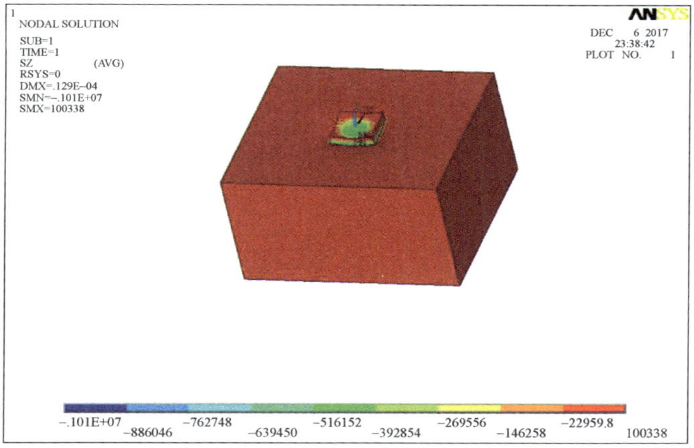

图 2.7　30cm×30cm×8cm Z 方向应力图

Fig. 2.7　30cm×30cm×8cm stress diagram in the direction of Z

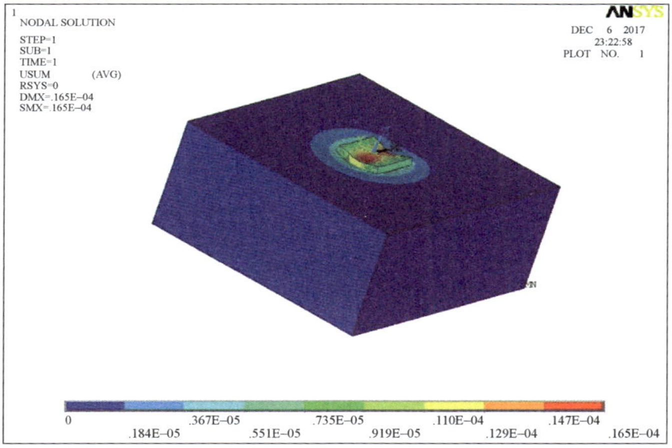

图 2.8　40cm×40cm×6cm 应变图

Fig. 2.8　40cm×40cm×6cm strain diagram

说是相当不合适的。

综上所述，根据模拟得到的应力应变数值表现可以看出，装配式复合预制块块体的几何尺寸对铺筑后路面或者下边的基层而言，其承载力影响相对来说较小，而不同装配式预制块块体厚度下临界弯沉值相差也很小。从受力特性、经济性、施工难易程度等方面综合考虑分析，选择 30cm×30cm×6cm 的尺寸为本研究的主体。

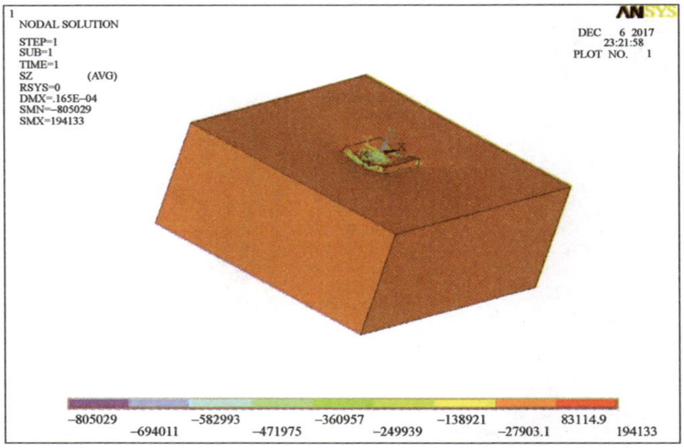

图 2.9　40cm×40cm×6cm *Z* 方向的应力图

Fig. 2.9　40cm×40cm×6cm stress diagram in the direction of *Z*

3　装配式复合块料配合比设计

装配式复合块料的主体部分就是水泥混凝土基板和沥青混凝土封层，两部分的配合比设计关系到复合板块的质量和耐久性。下面是水泥混凝土和沥青混凝土的配合比设计。

3.1　原材料

3.1.1　粗集料

试验所用粗集料为辽阳产石灰岩碎石，由锤式破碎机破碎而成，根据《公路工程集料试验规程》（JTG E42—2005）的要求，对集料进行了表观密度试验、筛分试验、含泥量试验等。试验结果表明，集料的各项性能均符合规范的要求。测得相关数据结果见表 3.1；石屑表观密度为 2.654g/cm^3，筛分结果见表 3.2。

表 3.1　粗集料主要性能指标

Table 3.1　The main performance indicators of coarse aggregate

项　目	技　术　指　标		
集料规格/mm	16～13.2	13.2～9.5	9.5～4.75
表观相对密度	2.706	2.696	2.703
含泥量/%	0.5	0.4	0.7
针片状含量/%	9.4	10.8	11.3
压碎值/%	13.3	13.7	17.4
软石含量/%	1.1	1.7	2.9
洛杉矶磨耗率/%	15.2	14.7	16.3

表 3.2　石屑的筛分试验

Table 3.2　Sieving test of stone chip

孔径/mm	分计筛余质量/g			分计/%	累计/%	通过率/%
	Ⅰ	Ⅱ	平均值			
9.5	0	0	0	0.00	0.00	100.00
4.75	110	106	108	10.87	10.87	89.13
2.36	332	314	323	32.51	43.38	56.62

续表 3.2

孔径/mm	分计筛余质量/g			分计/%	累计/%	通过率/%
	Ⅰ	Ⅱ	平均值			
1.18	179	183	181	18.22	61.60	38.40
0.6	106	112	109	10.97	72.57	27.43
0.3	92	94	93	9.36	81.93	18.07
0.15	65	68	66.5	6.69	88.63	11.37
0.075	80	88	84	8.45	97.08	2.92
剩余	31	35	33	3.32	100.00	0.00
试样质量	995	992	993.5	—	—	—
质量损失	5	8	6.5	—	—	—

3.1.2　水泥

本研究所用的水泥为鞍山市冀东水泥有限公司生产的普通硅酸盐水泥，水泥标号为 42.5，其主要指标见表 3.3。

表 3.3　水泥性能指标

Table 3.3　The performance index of cement

项目	比表面积 /$m^2 \cdot g^{-1}$	细度 /%	初凝时间 /min	终凝时间 /min	不溶物 /%	三氧化硫 /%	烧失量 /%
技术指标	≥300	≤10	>45	≤600	≤1.50	≤3.50	≤5.00
实测值	350	6	55	500	0.51	1.75	3.00

3.1.3　矿粉

矿粉一般是指将开采出来的矿石进行粉碎加工后所得到的料粉，在公路工程中，亲水系数小于 1 的矿粉叫碱性矿粉。本研究所采用的是石灰石矿粉，其主要性能指标见表 3.4。

表 3.4　矿粉物理性能

Table 3.4　The physical properties of mineral powder

性　能		单位	技术要求	试验结果	试验方法
表观密度		g/cm	≥2.45	2.75	T0352
含水量		%	≤1	0.6	T0103 烘干法
密度范围	<0.6mm	%	100	100	T0351
	<0.15mm	%	90~100	95.2	筛分试验
	<0.075mm	%	70~90	84.4	筛分试验

续表 3.4

性　能	单位	技术要求	试验结果	试验方法
外　观	—	无团粒结块	无团粒结块	肉眼观察
亲水系数	—	<1	0.8	T0353
塑性指数	—	<4	2.9	T0354

3.1.4 沥青

本研究所采用的沥青是盘锦欢喜岭 90 号道路石油沥青，按照《公路工程沥青及沥青混合料试验规程》（JTG E20—2011）对沥青的一些主要性能指标进行了相应的检验，结果见表 3.5。

表 3.5 沥青主要性能指标

Table 3.5 The main performance index of asphalt

项　　目		技术要求	试验结果
25℃针入度（100g；5s）/0.1mm		80 ~ 100	86.3
延度（5℃）/cm		实测记录	15.5
软化点 $T_{R\&B}$/℃		>44	45.1
密度（15℃）/$g \cdot cm^{-3}$		实测记录	1.005
TFOT 后	质量损失/%	≤±0.8	0.24
	25℃针入度比/%	≥57	70
	15℃延度/cm	≥20	78
	10℃延度/cm	≥8	25.6

3.2 水泥混凝土配合比设计

3.2.1 水泥混凝土配合比设计原则

水泥混凝土配合比设计要求强度、耐久性、工作性满足要求，同时满足经济性要求，通过计算和试验来最终确定水泥混凝土单位体积中各组成材料的用量。

在配合比设计中，水灰比是决定水泥混凝土耐久性和强度的一个很重要的因素，所以选用水灰比时必须要慎重，且不应超过规范中的规定值。按照《公路水泥混凝土路面设计规范》（JTG D40—2011），水泥混凝土配合比设计一般是以弯拉强度为主要设计指标。

3.2.2 水泥混凝土配合比设计

本研究参照一般水泥混凝土路面设计，配制强度为 C30 水泥混凝土，最大粒径采用 20.0cm 碎石，根据《公路水泥混凝土路面施工技术细则》（JTG F30—

2014）的要求，经三阶段配合比设计（实验室配合比设计、实验室配合比调整、实际生产配合比）确定各种规格矿质集料的比例。具体计算步骤如下：

（1）初步配合比计算。

1）确定混凝土配制强度值（$f_{cu,o}$）：

$$f_{cu,o} = f_{cu,k} + t \times \sigma \tag{3.1}$$

当已知设计强度标准值$f_{cu,k}$ =30MPa 时，保证率系数 t=1.645，标准差 σ=5MPa，计算得$f_{cu,o}$=30+1.645×5=38.2MPa。

2）计算水胶比（$W/(C+K)$）：

$$W/(C+K) = \alpha_a f_{ce}/(f_{cu,o} + \alpha_a \alpha_b f_{ce}) \tag{3.2}$$

式中，回归系数 α_a 为 0.46；α_b 为 0.07；f_{ce} 根据水泥强度等级选 42.5MPa；$f_{cu,o}$ 为混凝土配制强度值 38.2MPa。

$$W/(C+K) = \frac{0.46 \times 42.5}{38.2 + 0.46 \times 0.07 \times 42.5} = 0.49$$

研究针对的是北方季冻性地区，所以水泥混凝土所处环境为受冰雪影响的地区，查规范中相关表格得知容许的最大水胶比为 0.50，此时按照强度计算的水胶比符合要求。

3）坍落度的选择。根据该 C30 配合比，查规范中的表格可得，坍落度选为 55~70mm。

4）砂率的选择。由于碎石最大粒径为 20mm，水胶比为 0.49，查表格 3.6 后选择的砂率为 35%。

表 3.6 砂率的选择

Table 3.6 The selection of sand ratio

水灰比	碎石最大粒径/mm			卵石最大粒径/mm		
	15	20	40	10	20	40
0.4	30~35	29~34	27~32	26~32	25~31	24~30
0.5	33~38	32~37	30~35	30~35	29~34	28~33
0.6	36~41	35~40	33~38	33~38	32~37	31~36
0.7	39~44	38~43	36~41	36~41	35~40	34~39

5）用水量选择（m_{wo}）。根据水泥混凝土的坍落度数值及所用碎石最大粒径两个条件，选取用水量 m_{wo}为 205kg。

6）水泥用量（m_{co}）。按式（3.3）计算：

$$m_{co} = \frac{m_{wo}}{W/(C+K)} \tag{3.3}$$

$$m_{co} = 205/0.49 = 418\text{kg}$$

7）砂用量（m_{so}）。选用 1m^3 混凝土拌和物重量（m_{cp}）为 2400kg；砂用

量为：

$$m_{so} = (m_{cp} - m_{wo} - m_{co}) \times 0.35 = 622\text{kg}$$

8）碎石用量（m_{go}）。按式（3.4）计算：

$$m_{go} = m_{cp} - m_{wo} - m_{co} - m_{so} \tag{3.4}$$

$$m_{go} = 1155\text{kg}$$

9）配合比。根据以上计算，得到目标配合比为：

水泥：水：砂：碎石=418：205：622：1155

=1：0.49：1.49：2.76

（2）提出基准配合比。根据计算所得初步配合比进行试拌，采用维勃稠度或者坍落度法来进一步测定水泥混凝土拌和物相关工作性能，考虑到装配式预制块中间还要嵌入碎石，需要微调粗集料的用量，由此提出基准配合比为：水泥：水：砂：碎石=1：0.49：1.51：2.74。

（3）确定试验室配合比。依据基准配合比，增加或减少一定比例的水灰比，拟定三组（水灰比分别为0.47、0.49、0.51）适合工作性要求的配合比，通过制备试块，测定强度，确定既符合强度和工作性要求，又比较经济实用的试验室配合比为：水泥：水：砂：碎石=1：0.47：1.51：2.74。

3.3 沥青混凝土配合比设计

本研究以密级配沥青混凝土为封层，保护水泥混凝土不受除冰雪盐侵蚀。为达到不渗水，与混凝土层黏结牢固的目的，需要对其胶结材料和配合比进行选择、计算和试验。

3.3.1 AC-16 沥青混凝土配合比设计

装配式复合预制块料的封层沥青混凝土类型的选择，既要考虑填充性还要考虑抗滑性，综合考虑，选取两方面都能相对较好满足要求的密级配AC-16沥青混凝土作为封层较为合适。表3.7为AC-16沥青混合料级配范围。

表3.7 密级配沥青混凝土矿料级配范围

Table 3.7 Dense graded asphalt concrete gradation range

级配类型		通过下列筛孔（mm）的质量百分率/%											
		26.5	19	16	13.2	9.5	4.75	2.36	1.18	0.6	0.3	0.15	0.075
中粒式	AC-20	100	90~100	78~92	62~80	50~72	26~56	16~44	12~33	8~24	5~17	4~13	3~7
	AC-16		100	90~100	76~92	60~80	34~62	20~48	13~36	9~26	7~18	5~14	4~8
细粒式	AC-13			100	90~100	68~85	38~68	24~50	15~38	10~28	6~16	5~15	4~8
	AC-10				100	90~100	45~75	30~58	20~44	12~28	7~18	6~16	4~8

（1）矿料级配范围的确定。参考上述规范关于矿料级配范围的有关规定，利用图解法来确定各个规格集料用量的比例，以此求得矿质混合料的合成级配。

在通常情况下，设计所得的合成级配曲线应尽量靠近设计级配曲线的中值，尤其应使4.75mm、2.36mm、0.075mm等方孔筛的通过率尽量达到或接近设计级配范围的中值。对于不同的交通量要求的路面而言，其设计的合成级配要求也不一样，例如对于交通量大、轴载重的道路，设计时应该要求合成级配偏向级配范围的下限。

（2）确定沥青的最佳用量。确定最佳沥青用量一般是通过沥青混合料马歇尔试验进行的。沥青用量本来是可以通过规范中相应的理论公式计算得到的，但是由于实际中材料性质的差异，计算得到的最佳沥青用量并不一定就能真正地反映其特点，故仍然需要通过试验结果进行修正，即采用马歇尔试验来进一步修正和确定适合本研究所需沥青混合料的最佳沥青用量。

首先利用马歇尔稳定度试验所得的关系图来确定沥青最佳用量的初始值 OAC_1，具体步骤为：取马歇尔稳定度和密度最大值相对应的两个沥青用量点的横坐标 a_1 和 a_2，以及与设计要求空隙率范围中值相对应的沥青用量 a_3，如图3.1所示。再由式（3.5）计算最佳沥青用量的初始值 OAC_1。

$$OAC_1 = (a_1 + a_2 + a_3)/3 \tag{3.5}$$

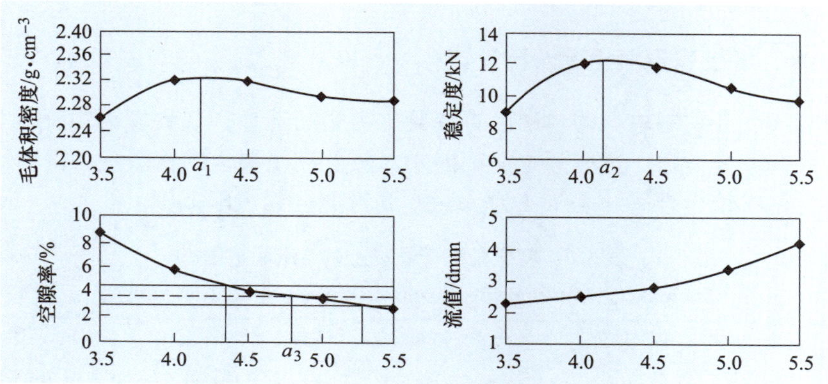

图3.1　确定沥青最佳用量

Fig. 3.1　To determine the optimal asphalt content

根据各项指标均符合技术标准的沥青用量范围 OAC_{min} ~ OAC_{max}，按式（3.6）求得最佳沥青用量的中值 OAC_2。

$$OAC_2 = (OAC_{min} + OAC_{max}) / 2 \tag{3.6}$$

若通过计算得到的最佳油石比初始值 OAC_1 在 $OAC_{min} \sim OAC_{max}$ 区间内，则认为所求的结果是合理的，取 OAC_1 和 OAC_2 的均值作为最佳油石比的比值。如果 OAC_1 超出了 $OAC_{min} \sim OAC_{max}$ 的区间范围，则应该相应地做出调整，重新进行沥青混合料的配合比设计，直到各项指标都达到标准为止。

本研究的 AC-16 矿料级配组成设计为：

矿粉：石屑（0~5）：5~10 碎石：10~15 碎石：15~20 碎石=6：44：35：8：7

级配曲线如图 3.2 所示。

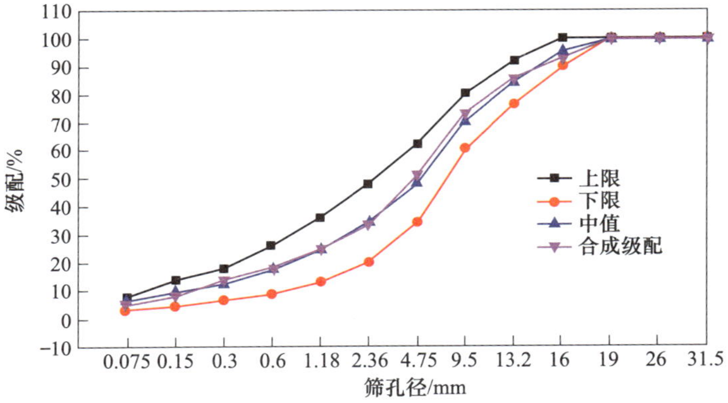

图 3.2　AC-16 的配合比

Fig. 3.2　AC-16 mixture ratio

通过马歇尔试验确定的最佳油石比为 5.26%。

3.3.2　装配式复合块料细粒式沥青混凝土

本研究所设计的垫层采用 AC-10 的细粒式沥青混凝土，主要起联结整平作用，其矿料级配组成为：

矿粉：石屑（0~5）：5~10 碎石=6：57：37

级配曲线如图 3.3 所示。

马歇尔试验确定 AC-10 的最佳油石比为 5.5%。由于细粒式沥青混凝土是用在板块下层与基层之间作为垫层的，要有一定的防水作用，故在基本实验的基础上适当地增加沥青的用量，以保证防水效果以及基层的稳定性，因此本研究拟定增加 0.5%的油石比，确定最佳油石比为 5.6%。

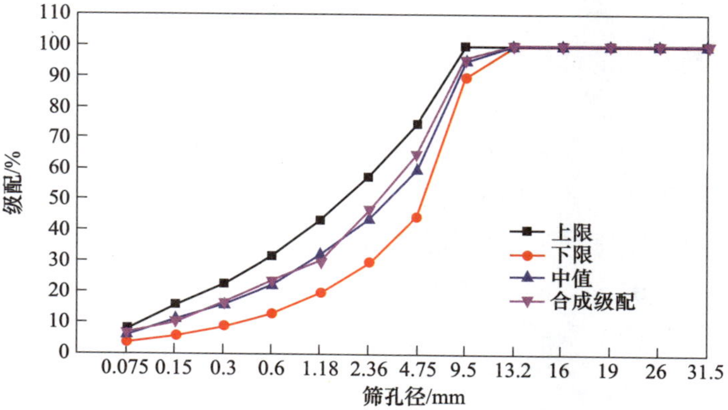

图 3. 3　AC-10 的配合比

Fig. 3. 3　AC-10 mixture ratio

4 复层间联结与板块间填缝料试验研究

本研究的复合块料路面结构，基层为半刚性材料，板块铺设与板块工作中有两个问题：一是如何将板块与基层很好地联结，使板块与基层不发生滑移；二是如何实现板块间的连接，使缝间不能有雨水渗入，并保证板间不错台、拱起。

4.1 层间联结

本研究所设计板块，厚度为6cm，块间距为1cm，通过在基层上洒布1~2cm薄层AC-10细粒式沥青混合料，将板块与基层柔性联结。细粒式沥青混合料既是联结层也是整平垫层。细粒式沥青混合料的黏结以及板块间的水平反作用力使板块整体上不会出现滑移，由于细粒式沥青混合料厚度仅1~2cm，车辆荷载作用下不会出现沉陷，因为厚度与最大颗粒基本相当。另外，在高温情况下，细粒式沥青混合料的膨胀较小，低温情况下还起到温度应力缓冲的作用。

4.2 板块间填缝料

板块间的连接，一般都是填充填缝料，本研究的板块间的填缝料既有板块间的黏性连接作用，又有防水渗入的作用，因此拟采用的填缝料为沥青胶浆。

沥青胶浆就是基质沥青与填料充分拌和后的产物。沥青胶浆作为沥青混合料中最初的一级分散系统，其组成、结构直接关系到路用性能的好坏。目前国内外基于胶浆理论进行了大量的实验研究，测试了不同种类的沥青胶浆的路用性能（高温稳定性、水稳定性），得出了一些重要的结论。

本研究将对沥青胶浆中的不同填料、比例及性能进行对比试验，从而选择合适的沥青胶浆类型。

4.2.1 原材料

(1) 硅藻土。硅藻土实质是一种生物成因的硅质沉积岩。本研究选取的硅藻土是鞍山华润啤酒厂用过的废料，属于对废料的二次利用，由于硅藻土本身味道比较刺鼻，而且还很潮湿，故在使用之前需要先烘干清除杂质再测定硅藻土的各项指标。硅藻土的性能检测见表4.1。

表 4.1　硅藻土性能指标

Table 4.1　The Diatomite performance index

项目	硅藻含量 /%	pH 值	密度 /g · cm^{-3}	堆密度 /g · cm^{-3}	比表面积 /m^2 · g^{-1}	杂质 /%	水溶性物 /%
技术指标	75.4	7.7	2.14	0.37	41.1	<8	<0.3
实测值	77.2	7.5	2.11	0.36	40.9	4	0.1

（2）粉煤灰。粉煤灰的由来是通过煤燃烧后的烟气中收捕下来的细灰。粉煤灰作为燃煤电厂排出的主要固体废物，并没有得到很好的利用。但是由于煤的灰量变化范围比较广，煤的产地不同、燃烧方式不同和燃烧程度的不同都会造成粉煤灰的化学成分发生变化。本研究所用的粉煤灰化学组成见表 4.2。

表 4.2　粉煤灰性能指标

Table 4.2　Performance index of fly ash　　（%）

成分	SiO_2	Al_2O_3	Fe_2O_3	CaO	MgO	SO_3	Na_2O	K_2O	烧失量
范围	1.30~65.76	1.59~40.12	1.50~6.22	1.44~6.22	1.20~3.72	1.00~6.00	1.10~4.23	1.02~2.14	1.63~29.97
均值	1.8	1.1	1.2	1.7	1.2	1.8	1.2	1.6	1.9

试验研究所需用的水泥、矿粉以及沥青的性能指标见前文所述，掺料及基质沥青如图 4.1、图 4.2 所示。

图 4.1　掺料

Fig. 4.1　The admixture

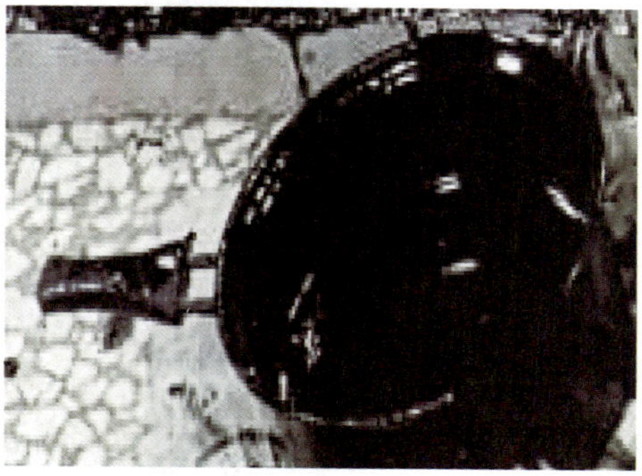

图 4.2　基质沥青

Fig. 4.2　The base asphalt

4.2.2　沥青胶浆的性能对比

4.2.2.1　沥青胶浆的制备

制备沥青胶浆的过程最重要的是保证掺料与沥青混合达到完全均匀的效果，

并且没有沉淀。本研究的具体制备工艺如下：

（1）拌和前，要将基质沥青在烘箱中或者在微波炉下缓慢地加热至155～165℃，直到沥青呈流动的状态，便于掺和搅拌；同时，将掺和的矿料在105℃左右的条件下烘干至恒重，之后在150℃左右的环境中保持一段时间备用，目的是为了保证掺和料与基质沥青相混合时彼此的温度较为相近。

（2）确定好掺料和沥青的质量，并将称量好的各种掺和料分次定量加入基质沥青当中，并对沥青胶浆进行600r/min的高速搅拌剪切，保证各矿物掺和料与沥青均匀混合，在保证搅拌时间的基础上还要上下移动高速剪切搅拌器的叶片，直至掺和料均匀分布在整个沥青胶浆中。拌和时间一般不少于5min。

（3）将拌和充分的沥青胶浆放保温箱保温，待用。

（4）如果拌和均匀的沥青胶浆不立刻进行各种物理性能或者力学性能试验，放置时间过长可能导致沥青胶浆出现离析沉积现象，再次使用时需要进行二次搅拌，使沥青胶浆使用时保证均匀。

4.2.2.2　性能对比

为了研究不同掺料对沥青胶浆性能的影响，在参考相关文献的基础上，实验方案为：在沥青用量不变的情况下，以水泥、硅藻土、粉煤灰代替部分矿粉，在合理的范围内改变替代矿粉的比例、粉胶比，进而进行沥青胶浆锥入度试验，以探究各种掺配方案对沥青胶浆性能的影响。

针入度是用来衡量沥青稠度的，但是对沥青胶浆的稠度用针入度表达并不准确，因为含有掺料的沥青胶浆是非均质的，测试的结果会出现很大的离散性，例如，测试粉胶比为0.9的沥青胶浆的4次针入度，结果分别为75、62、47、53（0.1mm）。故本研究选择采用锥入度仪进行试验，其原理跟针入度仪的原理是完全一样的，只是将针入度仪实验用的长针换成了针对本研究所特制的锥针，锥针的材料采用不锈钢加工而成，锥角大小为30°，锥针、配重砝码再加上连杆的质量总共为200g；盛样皿为直径70mm、内部深度45mm的专门器皿。

选取30℃时粉胶比为0.8、1.0、1.2，各种掺料代替矿粉的比例相同（均为0.2）的情况下，各种掺料替代矿粉后的锥入度表现如图4.3所示。

从图4.3可以看出，在相同粉胶比时，硅藻土、水泥、粉煤灰代替了部分矿粉的沥青胶浆锥入度，都要明显小于纯矿粉的沥青胶浆的锥入度。这在一定程度上说明掺入其他不同的矿物掺料，可以明显地提高胶浆的高温性能。这就表明硅藻土、粉煤灰、水泥对沥青胶浆的硬化效果要优于矿粉，原因很大一部分是因为相对于矿粉来说，其他几种掺料的粒径和密度都小于矿粉，故可以推断，在相同质量分数的条件下，硅藻土、石灰、水泥的颗粒数都要明显比矿粉的颗粒数要多，这就使得代替矿粉后的各种掺料的沥青胶浆稠度要高于只添加了矿粉的沥青胶浆。

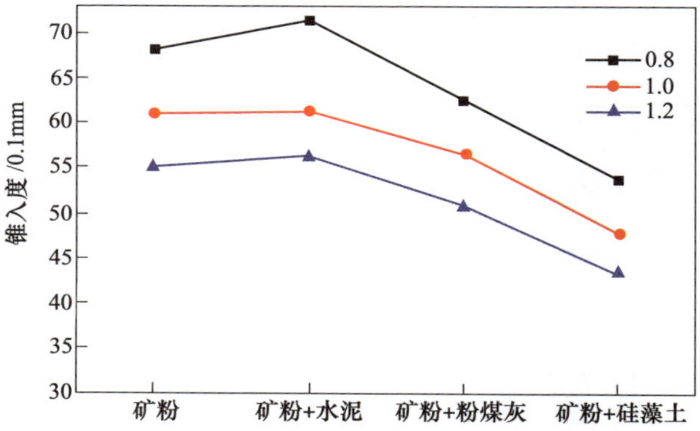

图 4.3 锥入度结果

Fig. 4.3 The cone penetration test result

4.2.3 正交剪切试验确定最佳沥青胶浆配比

4.2.3.1 正交试验简介

正交试验设计法主要就是针对多因素、多水平的一种先进的实验设计方法，它实质上的意义就在于从全部试验中挑选出一部分具有代表性的实验，做实验时只需针对这些挑选出来的部分进行实验就完全可以，被挑选出来的具有一定代表性的部分实验，普遍具有“均匀分散，齐整可比”的优点。正交试验设计同时也是分式析因设计的主要方法，能最大限度地减少试验可能出现的误差，使其达到既经济又高效还快速的实验目的。

而本项研究试验符合多因素、多指标的条件，故运用正交试验来准确、快捷、有效地指导本试验，以期用较少的试验次数来达到预期的试验目的，选择出最优的沥青胶浆配比方案。

4.2.3.2 正交试验分析方法

目前正交试验设计法的主要分析方法总体上可以分为两类：第一类是极差分析法（又称为直观分析法），另一类是方差分析法（又称为统计分析法）。

（1）极差分析法。极差分析法即直观分析法，通过其能分析出考核指标随各因素、各水平的具体变化的大致规律，计算也比较简单、直观且形象，是正交试验结果分析最常用的基本方法。本研究拟采用正交表所安排的试验方法对所选的各因素、各水平进行相应的极差分析。

（2）方差分析法。方差分析法也是利用正交实验的结果进行检验各个因素对试验指标影响程度的一种很有效的统计方法。这种分析方法是要建立在三个基本假设之上的，即数据方差的齐性、独立性、分布的正态性。方差分析法实际上也是检验两正态总体在实验的结果方差相等的情况下均值是否相等的一种检验的推广。方差分析也是通过分析用偏差平方和度量的数据变异，利用均方误差平方和与均方效应平方和的比做统计计量的。从结果来看，方差分析法相对于极差分析法来说计算出的结果要精确一些，但是过程相对极差分析法来说比较复杂。

方差分析法的计算过程比直观分析法要复杂得多，它首先要确定试验结果出现的差异是由于试验误差所引起还是由于水平的改变而引起的；其次才能在直观分析的基础上进一步具体检验出哪些因子对实验的结果有影响，哪些对实验结果没有影响；最后才能确定实验的主要影响因素和次要影响因素。

4.2.3.3　正交剪切试验过程

在实际应用中，沥青胶浆通过力学性能来保证施工质量。根据锥入度可以计算出沥青胶浆的剪切强度，计算公式见式（4.1）：

$$\tau = \frac{981Q\cos^2\left(\frac{\alpha}{2}\right)}{\pi h^2\tan\left(\frac{\alpha}{2}\right)} \tag{4.1}$$

式中　τ——抗剪强度，kPa；

Q——锥针、连杆及砝码总重，kN；

h——锥入度，m；

α——锥针针尖角度，30°。

这是一种理论上的计算，按最不利剪切面的破坏规律，本研究设计了45°剪切试验，验证沥青胶浆的力学性能。

A　试验设计

影响沥青胶浆性能的因素主要有粉胶比、其他类掺料所占的比例、掺料的种类，以及单位面积上沥青胶浆的用量等。通常沥青胶浆的粉胶比控制范围在0.6~1.2之间，选取粉胶比A的四个水平为：0.5、0.7、0.9、1.1，即$A_1=0.5$、$A_2=0.7$、$A_3=0.9$、$A_4=1.1$；令B_1=矿粉、B_2=水泥、B_3=粉煤灰、B_4=硅藻土；选取掺料所占的比例C的四个水平为：0.1、0.2、0.3、0.4，即$C_1=0.1$、$C_2=0.2$、$C_3=0.3$、$C_4=0.4$；选取单位面积沥青胶浆的用量D的四个水平分别为0.6、0.8、1.0、1.2，即$D_1=0.6$、$D_2=0.8$、$D_3=1.0$、$D_4=1.2$。

本研究利用正交试验助手选择正交表为$L_{16}(4^5)$，字母L表示它是一张正交试验表；L右下角的16表示共有16行，即需要进行16次试验；括号内的5表示5列，用它来安排试验时，最多可以考察5个因素；括号内的底数4表示每列有

4 个数字，安排实验时，被考察的因素为 4 个水平。正交实验表的因素与水平如图 4.4 所示。

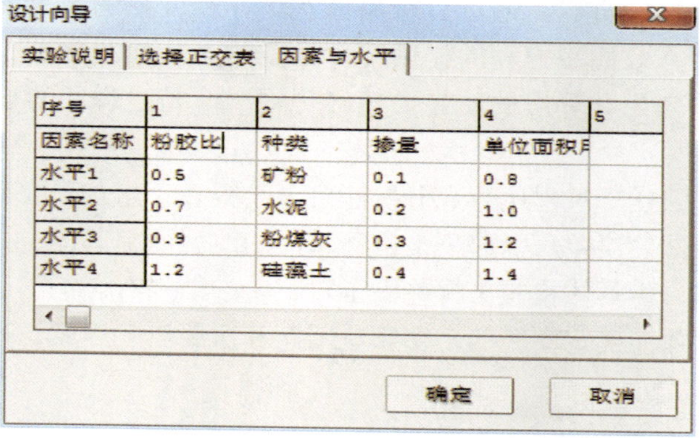

图 4.4　正交实验表的因素与水平

Fig. 4.4　The factors and levels of orthogonal experiment Table

利用正交试验助手，选择好正交表，填写完各个因素与水平之后系统会自动给出实验方案的列表，见表 4.3。

表 4.3　正交试验的实验方案

Table 4.3　The experimental scheme of orthogonal experiment

试验	因素			
	粉胶比	种类	掺比	单位面积用量
试验 1	0.5	矿粉	0.1	0.8
试验 2	0.5	水泥	0.2	1.0
试验 3	0.5	粉煤灰	0.3	1.2
试验 4	0.5	硅藻土	0.4	1.4
试验 5	0.7	矿粉	0.2	1.2
试验 6	0.7	水泥	0.1	1.4
试验 7	0.7	粉煤灰	0.4	0.8
试验 8	0.7	硅藻土	0.3	1.0
试验 9	0.9	矿粉	0.3	1.4
试验 10	0.9	水泥	0.4	1.2
试验 11	0.9	粉煤灰	0.1	1.0
试验 12	0.9	硅藻土	0.2	0.8
试验 13	1.1	矿粉	0.4	1.0

续表 4.3

试验	因素			
	粉胶比	种类	掺比	单位面积用量
试验 14	1.1	水泥	0.3	0.8
试验 15	1.1	粉煤灰	0.2	1.4
试验 16	1.1	硅藻土	0.1	1.2

B 试件的制作与试验过程

根据摩尔-库仑理论，45°角有最大剪应力出现，为此本研究自主设计 45°剪切试验方案：制作两个具有相同梯形斜截面的水泥混凝土棱柱体，在养护箱中养护 28 天，在斜截面上用配合好的各种沥青胶浆进行黏结。将制作好的试件在万能压力机上进行测试，考察其抗剪强度，示意图如图 4.5 所示。

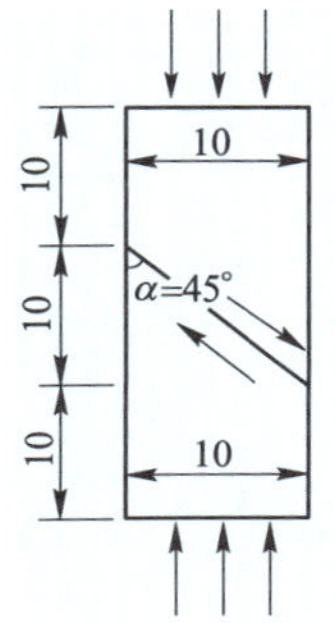

图 4.5 剪切试验效果图

Fig. 4.5 The effect diagram of shear test

利用已有的三联模进行试件制作，试件的制作步骤以及注意事项有：首先，确定好水泥混凝土的基准配合比，这是保证试验成功的前提条件；其次，精确称量每种原材料的质量，先投粗骨料再投细骨料，按规范搅拌一定时间后再加入水泥，水泥要分两次加入，当骨料搅拌均匀后，再分两次加入水泥，搅拌均匀即可；最后将搅拌好的混合料装入相应的试模中，在振动台上振动，并处理成 45°角的斜面，在成型过程中因为试件上面有一定的角度，故要保证试件的质量，即保证 45°角不变形；静止 24h 后，拆模，注意保护试件的完整性；试件拆模后，放入标准养护箱中养护 28 天，用沥青胶浆进行黏结，室温放置 12h 后，在压力机上进行 45°角的剪切试验，记录试验结果，利用极差分析法进行分析。本研究制作试件过程如图 4.6～图 4.10 所示，剪切试验过程如图 4.11 所示。

图 4.6 模具图

Fig. 4.6 The test die

图 4.7　试件的制作

Fig. 4.7　The specimen making

图 4.8　成型的试件

Fig. 4.8　The specimen molding

图 4.9　试件的养护

Fig. 4.9　The specimen maintenance

图 4.10 沥青胶浆及黏结好的试块

Fig. 4.10 The asphalt mortar and bonded test block

图 4.11 剪切试验

Fig. 4.11 The shear test

C 数据处理与分析

正交试验助手的数据处理如图 4.12~图 4.14 所示。

试验结果分析：

（1）基质沥青的剪切试验与沥青胶浆的对比，沥青胶浆的剪切力要明显的大于基质沥青，这也表明沥青胶浆具有更好的力学性能，符合试验的预期效果。

（2）数据显示，粉胶比为 1.0 时，以 20%硅藻土代替矿粉获得的沥青胶浆有最好的抗剪切强度；而在比较各个影响因素的极差值后发现最主要的因素为粉胶比，次要因素为掺料的种类。

（3）从效应曲线图可以看出，试件的抗剪切性能随着粉胶比的增大呈现上升趋势，在 0.5~0.9 之间增长速度比较明显，超过 0.9，上升趋势放缓，故粉胶

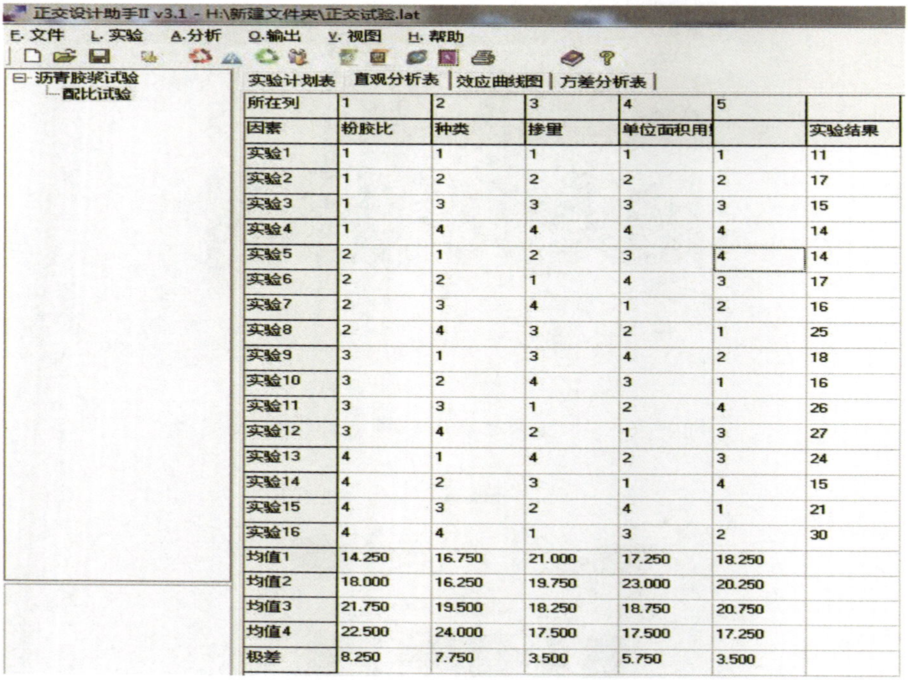

所在列	1	2	3	4	5	
因素	粉胶比	种类	掺量	单位面积用		实验结果
实验1	1	1	1	1	1	11
实验2	1	2	2	2	2	17
实验3	1	3	3	3	3	15
实验4	1	4	4	4	4	14
实验5	2	1	2	3	4	14
实验6	2	2	1	4	3	17
实验7	2	3	4	1	2	16
实验8	2	4	3	2	1	25
实验9	3	1	3	4	2	18
实验10	3	2	4	3	1	16
实验11	3	3	1	2	4	26
实验12	3	4	2	1	3	27
实验13	4	1	4	2	3	24
实验14	4	2	3	1	4	15
实验15	4	3	2	4	1	21
实验16	4	4	1	3	2	30
均值1	14.250	16.750	21.000	17.250	18.250	
均值2	18.000	16.250	19.750	23.000	20.250	
均值3	21.750	19.500	18.250	18.750	20.750	
均值4	22.500	24.000	17.500	17.500	17.250	
极差	8.250	7.750	3.500	5.750	3.500	

图 4.12　正交试验结果

Fig. 4.12　The results of orthogonal experiment

比的范围在 0.9~1.1 较为合理；混掺粉煤灰、硅藻土对沥青胶浆性能均有较好影响，掺量采用 0.1~0.2 为佳；单位面积上的沥青胶浆用量在 1.0g/cm^{2}时，效果最好。

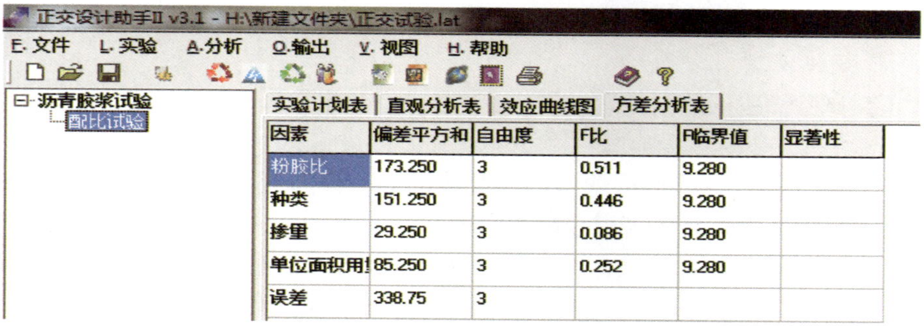

因素	偏差平方和	自由度	F比	F临界值	显著性
粉胶比	173.250	3	0.511	9.280	
种类	151.250	3	0.446	9.280	
掺量	29.250	3	0.086	9.280	
单位面积用	85.250	3	0.252	9.280	
误差	338.75	3			

图 4.13　方差分析表

Fig. 4.13　The table of variance analysis

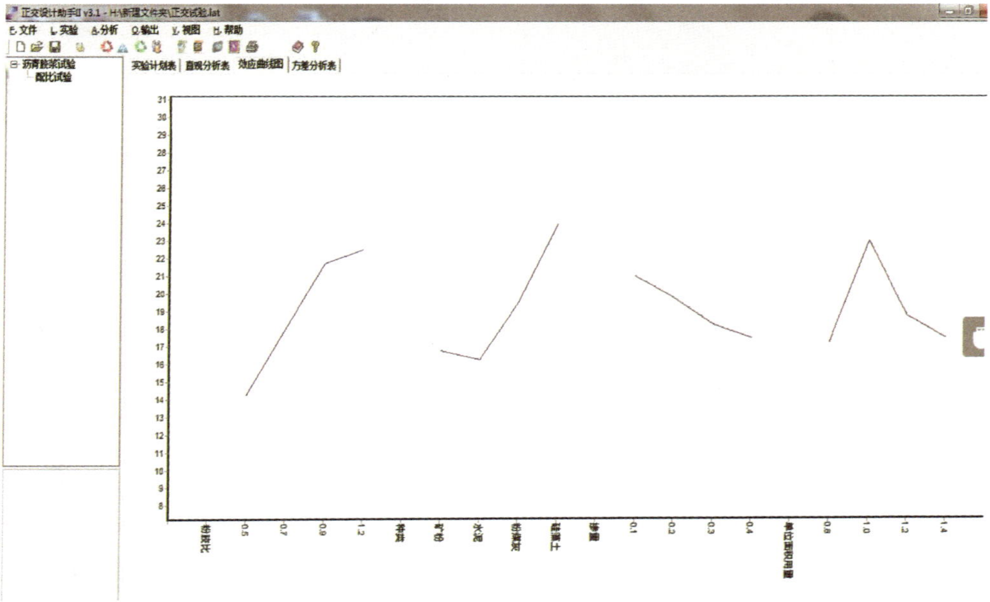

图 4.14　效应曲线图

Fig. 4.14　The effect of curve

5　板块嵌锁碎石的平面点阵计算与布置研究

为使块料的水泥混凝土层不受除冰雪盐侵蚀，上封沥青混凝土；为使沥青混凝土不受荷载作用而产生推移变形，在水泥混凝土层上嵌入碎石。对嵌锁碎石的布设数量、布设方式、嵌入深度需要进行设计和试验，包括建立数学模型、计算集中应力、计算嵌入牢固性、计算荷载分散状态。

装配式复合块料在理论上采用水泥混凝土面上碎石点阵分散应力力学模型，区别于现有的整体平面受力模式；在结构上采用水泥混凝土与嵌锁碎石受力，沥青混凝土封面的特殊复合结构，区别于现有的水泥混凝土与沥青混凝土上下层简单加铺结构，受力状态和破坏模式也跟加铺模式下完全不同；此外，连接层采用薄层沥青混凝土，使水泥混凝土板块坐浆铺设，既防水又能起到缓冲应力的作用。由此看来，在预制块中布置的碎石点阵有着极其重要的作用，选择合理、有效、经济、可行的碎石以及碎石的点阵布置方式对板块的质量和使用寿命至关重要。

5.1　承载碎石的要求及选择

本研究所要求的承载碎石需要满足一定的抗压强度、无风化、粒度均匀、与水泥混凝土结合较好等条件。根据相关文献以及规范要求，常用碎石的抗压强度见表 5.1。

表 5.1　常见岩石的抗压强度

Table 5.1　The compressive strength of common rock

岩石名称	抗压强度 /MPa	岩石名称	抗压强度 /MPa	岩石名称	抗压强度 /MPa
石灰岩	20~200	辉绿岩	100~250	页岩	10~100
花岗岩	100~250	流纹岩	180~300	砂岩	20~200
片麻岩	50~200	大理岩	100~250	砾岩	10~150
石英岩	150~300	安山岩	100~250	辉长岩	180~300
闪长岩	100~250	玄武岩	150~300	千枚岩	10~100
白云岩	80~250	板岩	60~200	片岩	10~100

由表 5.1 可以看出，石灰岩强度适中，工程上较为常见，故本研究选择工程上常用的石灰岩。石灰岩的矿藏是地壳中分布最广的矿产之一，产地丰富，遍布全国各地。而且石灰岩具有良好的导热性，其本身具有坚固性、吸水性、磨光性、胶结性、可加工性等很多优良性能，既可直接利用原矿，也可深加工应用。所用的石灰岩碎石材质洁净、无风化，粒度大小为 4cm。

5.2 碎石点阵的布置与计算

根据所设计的板块平面尺寸，若嵌入的碎石数量太多，沥青混凝土无法铺设，数量太少，荷载应力分散不到位，容易出现应力集中。为了达到力学上合理、施工简便、经济适用、操作方便、铺装均匀化的目的，拟设置了如图 5.1 所示的碎石点阵布置图，即一种 3×3 的碎石布置方阵。

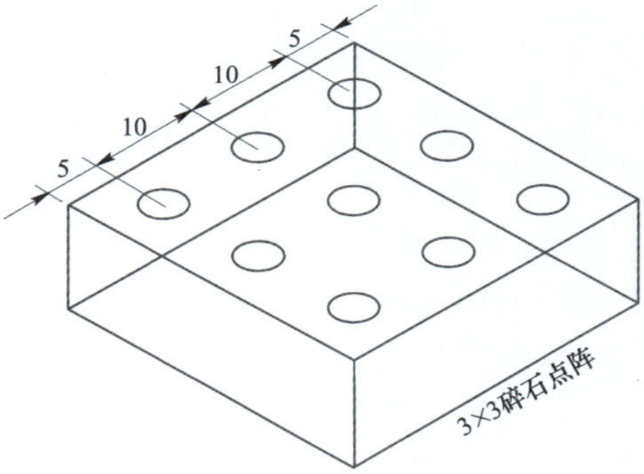

图 5.1 碎石点阵布置图

Fig. 5.1 Gravel lattice layout

为了验证所设计的碎石方阵是否满足力学要求，首先对碎石的形状进行一个基本假设，建立物理模型。为了简化计算，在测量了大量所选碎石长宽高尺寸的基础上，将碎石简化为短轴为 3.0cm、长轴为 4cm 的椭球体较为合理（见图 5.2）。

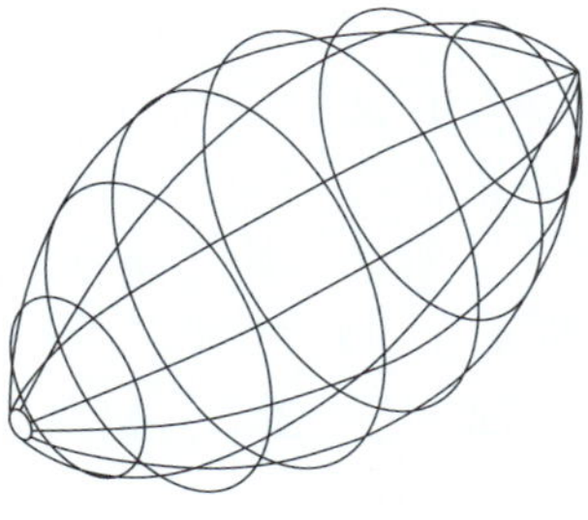

图 5.2 碎石的模型

Fig. 5.2 The model of gravel

对于承载碎石点阵的荷载计算模型，依然采用《公路沥青路面设计规范》所规定的标准轴载（BZZ-100），按双圆垂直均布荷载进行板块力学计算（见图5.3，参数表见表5.2）。

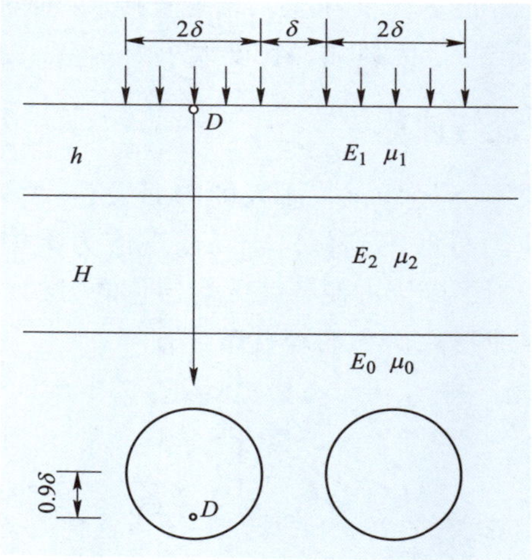

图5.3　双圆均布荷载计算图示

Fig. 5.3　The calculation diagram of the uniform load of double circles

表5.2　标准轴载参数表

Table 5.2　Standard axle load parameter table

标准轴载（BBZ-100）			
标准轴载 P/kN	100	单轮传压面当量圆直径 d/cm	21.30
轮胎接地压强 p/MPa	0.70	两轮中心距/cm	1.5d

碎石点阵在标准荷载作用下每个碎石所承受的压力计算公式如式（5.1）所示：

$$P = \frac{F}{n} \tag{5.1}$$

式中　F——双圆均布荷载下单轮荷载，标准荷载时为25kN；

n——碎石个数，单轮传压面当量圆半径为10.65cm，故$n=5$。

计算结果$P=5$kN按照图5.2的碎石简化椭球体模型，每个碎石的受压面面积按最不利情况考虑，即按短轴3.0cm的圆形面积计算（此为平均近似计算，轮胎变形到一定程度，封面沥青混凝土也将承受少量压应力），则每个碎石在标准荷载作用下的应力按式（5.2）计算：

$$\sigma = \frac{P}{s} \tag{5.2}$$

即 $$\sigma = \frac{5 \times 10^3}{3.14 \times 1.5^2 \times 10^{-4}} = 7077140\text{Pa} = 7.08\text{MPa}$$

计算结果表明，每个碎石在标准荷载作用下的应力远远低于石灰岩碎石的抗压强度；而水泥混凝土强度为 C30，在标准荷载作用下，因碎石受压所传递的应力也为 7.08MPa，远远小于混凝土抗压强度。因此，所设计的碎石点阵布置为3×3，满足碎石和混凝土的抗压强度，设计合理。

6　试验路的铺装及性能检测

为检验本研究所设计的装配式复合路面结构的合理性、科学性，课题组在鞍腾路奥通钢管厂十字路口进行了试验铺筑，以检验施工工艺、结构性能，包括铺设工序的合理性、层间结合性、块间连接性、平整度、渗水性以及弯拉应力、抗推移、抗盐蚀能力。

6.1　鞍腾路奥通钢管厂十字路口交通状况

沈营线奥通钢管交通岗位于 K110+248，因处于鞍山西出口，过往车辆繁多，日均交通量 19616 辆，其中以大型载货汽车居多，造成路面车辙、坑槽等病害比较严重，特别是在炎热季节。经实地调查，该道口单向车流量（重车）360 辆/时，基本上为 6 轴车，载重在 100～200t，速度 10～30km/h，如图 6.1 所示。

(a)　　(b)

图 6.1　重载车辆

Fig. 6.1　Overload vehicles

6.2　路面建养历史、病害及方案

据资料显示，该道口已修复多次，原沥青路面厚度为 2 层 13cm，下面为半刚性水泥稳定基层。主要病害是车辙、推移、开裂，由于高温下重载重复作用，在接近路口 200m 范围内，靠近路中的那条车道，失稳型车辙十分严重，由于重车刹车，该车道路口处轮迹带车辙达 10cm 以上，沥青混凝土基本上被横向推移殆尽，局部露出了半刚性基层，车辙在距路口 200m 处至路口停止线逐渐加深，如图 6.2 所示。2016 年进行了中修，加铺 4cm 改性沥青混凝土，现总厚度为 17cm。

(a)

(b)

图 6.2　路面病害

Fig. 6.2　Pavement distress

多年来，该道口均处于超载大流量工作状态，一般的路面结构很难满足如此强度和频率的力学要求，为此，根据力学计算拟采用复合路面结构，作为试验进行维修，以考察该结构的可行性。具体方案如下：

（1）首先用切缝机将欲维修的厚度为 10cm 的破损沥青路面边缘切割，再用抓钩机或铲车将旧路面清除。

（2）试铺四种施工技术要素不同组合的试验区，即水泥砂浆联结层+沥青填缝料、水泥砂浆联结层+沥青胶浆填缝、沥青混凝土联结层+沥青填缝料、沥青混凝土联结层+沥青胶浆填缝料，每种组合在每个车辙带进行铺设。

6.3　试铺过程

6.3.1　复合块料的制作

装配式复合块料是由下层的水泥混凝土基板、中间层的沥青黏结层和上面层的沥青混凝土复合而成，为了满足质量方面的要求，块料的制作必须按照一定的顺序来完成，步骤一般可分为：

（1）先做下层的水泥混凝土基板：提前做好水泥混凝土配合比设计工作，然后将原材料按比例投放到搅拌机中搅拌均匀，在振动台上振动成型。为此专门制作的振动成型设备如图 6. 3 所示。

图 6. 3　振动台及模具

Fig. 6. 3　Vacrator plate and mould

(2) 选择直径为 4cm 的碎石，按照 3×3 的方形矩阵插入到水泥混凝土面层中，然后振动 1min 左右，直至嵌入的碎石进入水泥混凝土中 2cm，留在外面 2cm。在试模中洒水养护一天。

(3) 养护 1 天后拆模，并将块料放入养护箱中，在标准条件下继续养护至 28 天。

(4) 在水泥混凝土养护期间准备好用于黏结层的沥青胶浆，以及做好上面层沥青混凝土的配合比设计。

(5) 最后将养护好的水泥基板装回试模中，铺洒沥青胶浆，然后迅速将拌和好的沥青混合料加入试模中碾压成型。

(6) 成型后放置在室温环境中静置一段时间，待用。

水泥混凝土基板制作、碎石的嵌入、沥青胶浆的洒布、沥青混合料的拌和与铺设如图 6. 4～图 6. 9 所示。

图 6. 4　碎石的嵌入

Fig. 6. 4　The embedding of crushed stone

图 6.5　成型的水泥混凝土基板

Fig. 6.5　Molded cement coucrete block

图 6.6　沥青胶浆的精确计量

Fig. 6.6　Accurate measurement of asphalt mortar

图 6.7　沥青胶浆的均匀洒布

Fig. 6.7　Uniform spreading of asphalt mortar

图 6.8　沥青混合料拌和机

Fig. 6.8　Mashine of asphalt mixture

图 6.9　复合板块

Fig. 6.9　Compound plate

对于装配式复合块料路面，保证板块的制作精度十分重要，不论是控制装配式复合预制块的厚度还是平面几何尺寸，否则会影响路面的使用寿命。

复合块料的精确化制作为以后的工业化生产提供借鉴，故对各层混合料的用量要精确计量。试验表明，装配式复合块料的下面层水泥混凝土面层厚度为 4cm 时，混合料的总质量为 9200～9300g，如果厚度设计有变化，可据此进行调整。对于封层沥青混凝土填充质量 W 可按以下公式计算：

$$W = [l \times l \times d/2 - (d/2)^3 \times n] \times \rho$$

式中 l——复合块料路面板板块边长；
d——嵌入粒料粒径；
ρ——压实密度；
n——每块板上粒料个数。

6.3.2 装配式块料的铺装

目前，国外已有可以机械化铺装预制块的设备，在本项研究成熟后也要在机械化制作与施工方面进行研究，本研究试验铺装采用人工铺装形式，如图 6.10~图 6.13 所示。

图 6.10 细粒式沥青混凝土的摊铺
Fig. 6.10 Fine asphalt concrete pave

图 6.11 板块铺装
Fig. 6.11 Plate paving

图 6.12 沥青胶浆灌缝
Fig. 6.12 Asphalt mortar filling seam

图 6.13 板块替换后的路面
Fig. 6.13 Pavement after plate replacement

针对块体铺筑时应注意的施工工艺要点有：

（1）平，即铺筑的装配式复合块料顶面满足设计的标高要求，表面要平整。

（2）直，即装配式复合块料铺筑后排与排之间的缝要直。

（3）错，即装配式复合块料横向要错缝，错缝距离为块体长度的 1/2。

（4）少，即施工对接少。

（5）稳，即铺筑的装配式复合块料应嵌挤在细粒式混凝土层中，不会发生轻易滑动或沉落。

（6）实，装配式块料底面与细粒式混凝土层充分接触，不存在脱空或鼓起的现象。

（7）紧，装配式复合块料之间的填缝必须填充密实。

（8）干，即保持基层含水率不能过湿，最好达到最佳含水率。

另外，需要特别指出的是，在实际施工中，纵坡大于 1%时面层铺筑应考虑由低端向高端进行。

6.4 装配式块料路面路用性能试验

6.4.1 复合块料荷载扩散机理

在装配式复合预制块铺筑形成稳定的结构层之后，预制块在车辆荷载作用下发生弯沉时，块体将发生一些微小的转动，但是这个微小的转动并不是被允许的，因为要受到四周邻块的限制，这就会产生一定的水平挤压力，这种将竖向压力转化为水平方向的挤压力的现象，在力学上称之为预制块体的“拱效应”。也正是因为有拱效应的存在才为接缝的抗剪提供了一定的可能。一些研究表明，随着块体侧向挤压力的增加（路面弯沉的增加），接缝的抗剪切刚度也相应的出现增加，说明接缝的剪切特性符合孙立军教授提出的块体常位移模式。

常位移接缝剪切模式是影响铺面结构的荷载（P）-回弹弯沉（l）曲线的重要因素，在荷载较小时，回弹弯沉较小，接缝剪切刚度较小，从而预制块层的当量模量也较小；随着荷载的增加，预制块层的当量刚度也随着增加，当荷载进一步增加，使得接缝剪切应力大于接缝抗剪强度时，面层发生剪切破坏，弯沉急剧增加，接缝的特性使得装配式铺面的 P-l 曲线呈现了与众不同的非线性（S 形），也就是说荷载越大，结构的当量刚性也会随之增大。

拱效应的变化同时也意味着预制块路面的结构承载能力的变化，两者关系密切，相互影响，在理论计算方面上也有一定的联系。

6.4.2 装配式路面接缝稳定性能检测

由于装配式块料路面具有很多接缝，而且上面层为沥青混凝土路面，因此，本研究主要是针对装配式块料路面的接缝渗水特性进行了检测。

接缝宽度和接缝类型的不同，势必会造成接缝的渗水性的不同。为了研究预制块路面的接缝材料以及接缝宽度对于路面渗水特性的影响，在装配式复合块料试验段的路面上进行了渗水试验，如图 6.14 所示，结果见表 6.1。

图 6.14 接缝渗水试验

Fig. 6.14 Joint seepage test

表 6.1　接缝渗水系数测试结果

Table 6.1　Joint permeability coefficient test results

(mL/(min · cm))

接缝材料	接缝宽度								
	2cm			4cm			8cm		
沥青胶浆	2.23	2.34	2.43	4.11	4.21	4.16	6.42	6.35	6.27
沥青	2.68	2.77	2.87	4.98	5.13	5.27	7.14	7.42	7.23

从表 6.1 可以看出，接缝渗水系数与接缝材料和接缝宽度均有较大关系，沥青接缝渗水系数与沥青胶浆接缝相差很小，沥青胶浆的渗水系数相对较小，可以优先选用。随着接缝宽度的增加，接缝渗水系数逐渐增大，当接缝宽度在 2～8mm 之间时，渗水系数明显增强。

6.4.3　装配式路面抗滑移检测

装配式预制块料铺装完成后，对其整体抗滑性进行了检测，如图 6.15 所示，测试结果见表 6.2。

表 6.2　路面抗滑移测试

Table 6.2　Pavement skid resistance test

测试段落	缝宽/cm	测试次数			平均值
		1	2	3	
预制块不跨缝		61	63	62	62
沥青胶浆	2	66	65	65	65
	4	69	71	70	70
	8	76	76	75	76
沥青	2	65	66	66	66
	4	70	71	70	70
	8	75	76	75	75

试验检测结果表明，抗滑性能满足规范要求。

图 6. 15 路面抗滑试验
Fig. 6. 15 The test pavement skid resistance

6. 4. 4 装配式路面平整度检测

路面结构的平整度是表征路面结构是否平整的一个重要指标，关系到油耗、驾驶的平稳性以及乘客的舒适性。装配式块料路面的平整度不容易保证，因此铺装完成后还要对其进行检测。测试方法采用 3m 直尺法，共测试了试验路的 20 个断面的平整度，其中纵向和横向各有 10 个断面。检测结果见表 6. 3。

表 6. 3 路面平整度检测结果
Table 6. 3 The pavement roughness test results

项目	点位									
	1	2	3	4	5	6	7	8	9	10
纵向	3	2	1	2	3	4	2	5	3	4
横向	4	4	3	3	2	3	5	4	3	2

从表 6. 3 可以看出，装配式复合预制块路面平整度还是比较好的。试验结果表明，装配式复合预制块铺筑后的路面结构，施工平整度完全可以控制在 5mm（最大间隙值）以内，以保证行车的舒适性。

7　结论与展望

7.1　结论

本篇系统深入地研究了装配式复合块料路面的设计理论与方法，并且运用ANSYS有限元软件模拟选择合适平面尺寸大小的板块，在水泥混凝土层表面镶嵌等粒径块石，块石间浇筑沥青胶浆保护层。其中板块厚度与材料、平面大小与形状、嵌入块石大小和方式，以及块间连接方式及上下层连接方式都进行了细致深入的研究与探索。

装配式抗推移耐盐蚀复合路面结构与材料研究是功能性路面结构的一大创新。主要表现为：

（1）理论上，采用水泥混凝土面上碎石点阵分散应力力学模型，区别于现有的整体平面受力模式。

（2）结构上，采用水泥混凝土与嵌锁碎石受力，沥青胶浆或沥青混凝土封面的特殊复合结构，区别于现有的水泥混凝土与沥青混凝土上下层简单加铺结构，受力状态和破坏模式完全不同。

（3）连接层采用薄层沥青胶浆或细粒式沥青混凝土，使水泥混凝土板块坐浆铺设，既防水又能起到缓冲应力的作用。

本研究主要得出的结论如下：

（1）通过对预制块路面结构设计方法的研究，得到了各种设计方法的利弊，并从中选出一种基于有限元的设计方法，运用ANSYS软件建立三维有限元模型，模拟了复合式预制块的受力特性，并考虑施工易操作性，选择了合适的30cm×30cm的标准预制块尺寸以及6cm的板块厚度。

（2）针对本研究的特殊应用，进行了各复合层次的配合比设计，包括水泥混凝土的配合比设计、沥青混凝土的配合比设计和细粒式沥青混凝土的配合比设计，对复合板块的质量提供了有效保证，并设计制造了室内板块制作设备，为以后的工业化生产提供了依据。

（3）对装配式复合预制块缝间的沥青胶浆进行了物理性能和力学性能试验，得出了不同掺料对沥青胶浆的不同影响，并最终选出一种粉胶比为1.0，以20%的硅藻土代替部分矿粉的沥青胶浆作为最优配比。试验表明掺加适量的硅藻土代替矿粉能明显地增强沥青胶浆的高温稳定性以及低温抗裂的能力。

（4）对复合块料的碎石点阵布置进行了受力研究，选择石灰岩为主要材质的碎石，对 3×3 型碎石点阵布置进行了计算，结果满足力学要求。

（5）铺筑装配式试验路面，对其路用性能进行综合的测试，包括抗滑移性能测试、抗渗水性能测试、路面平衡度的测试以及板块本身承载能力的测试，使用效果表明，选择沥青胶浆作为路面接缝的填缝料较为理想，而且接缝的大小将直接影响到铺筑路面的各种性能。

7.2 展望

对装配式复合块料做了系列研究，但在设计理论方面还有待进一步探讨，而且限于试验路铺设条件限制，在实际大型工程中的应用还需继续开展下去，亟待解决的问题有以下几点：

（1）基于有限元的算法还需进一步考虑边界条件，即利用 ANSYS 进行有限元模拟分析时，对于装配式块料的模拟应考虑多种受力组合，按整体铺面进行受力分析，考察是否块与块之间存在“拱效应”。

（2）在板块与基层联结方面，若有养生时间，板块下可以考虑采用水泥砂浆来固化板块结构，达到增强强度、优化厚度、防止板块活动的目的。

（3）对于板块形状和尺寸方面，试验铺筑仅做了正方形板块，对异形复合块料还需试铺测试，考察效果。

（4）对于沥青胶浆的研究范围还比较大，可以进一步缩小范围，确定最佳的沥青胶浆用量；而且并没有对沥青胶浆的疲劳性能进行研究，以及沥青胶浆的自愈合能力还需进一步探讨。

（5）对于碎石点阵布置，仅仅考虑了一种 3×3 形式的点阵布置，满足力学要求，还可以考虑其他形式的点阵布置，然后进行相应的对比试验，得到多元或更好的碎石点阵布置方式。

（6）对于装配式复合块料路面的路用性能需对实体工程进行跟踪调查，着重分析路面使用状况及评价使用寿命，并对施工工艺进一步实践总结。

第二篇

水泥稳定材料架构理论及应用

$$R_c = ac_0 + bR_{fm} + c\Delta F_w$$

8 水泥稳定材料问题与现状

8.1 问题的提出及意义

从20世纪80年代至今，我国的公路建设随着经济的发展取得了举世瞩目的成就，其中水泥稳定材料的研究与应用较为典型，以沙庆林院士为代表的广大科技工作者在半刚性基层沥青路面的设计、施工方面做了大量工作；以沙爱民教授为首的科研团队对水泥稳定材料也做了深入研究；《公路路面基层施工技术细则》（JTG/T F20—2015），在总结大量最新研究成果基础上，对半刚性基层材料的原材料、配合比设计、生产工艺、施工工艺、养生、质量控制等方面做了更加详细的规定和要求。随着半刚性材料的推广和应用，目前，我国80%以上的高等级公路采用的都是半刚性基层沥青路面。从力学角度划分，沥青路面可以分为柔性基层沥青路面、半刚性基层沥青路面和刚性基层沥青路面。其中柔性基层路面以欧美各国采用较多，从性价比和使用习惯来讲，我国更倾向于半刚性基层。半刚性基层材料主要包括水泥稳定材料、石灰稳定材料、综合稳定材料[22]，其中以水泥稳定材料使用最多，特别是在基层材料使用方面，因其在就地取材与价格、配合比设计、强度控制、干缩温缩、耐久性等方面的综合表现较为行业认可。

目前对水泥稳定材料的研究主要还是以试验为基础，从原材料的物理化学特性，到配合比设计以及力学性能检验，都离不开高频的跟踪监测。由于水泥稳定材料为水泥基材料，它与普通水泥混凝土最大的区别就是水泥用量的差异，继而导致混合料各组成材料比例的改变。另外，水泥稳定材料的施工工艺成型为碾压法，普通水泥混凝土施工工艺成型为振动法。水泥稳定材料研究的热点就在于其诸多要素的不确定性。本研究对于水泥稳定材料的进一步研究基于如下考虑：

（1）现有设计方法试验成分与经验成分较多，实验步骤多，操作繁琐，设计周期长（至少7天以上才能获得一个设计方案），检测滞后；试验过程中人为因素较多，误差较大，受环境影响较大，设计中各指标（含水量、密度、强度、模量）变异性较大。

（2）现行《无机结合料稳定材料施工技术规范》对集料级配的要求和控制不严格，只是控制了几个关键筛孔，这对形成密实骨架的保证率不高（主要考虑了全国各地区就地取材，无法严格控制级配），但这样规定会导致为达到设计强度而使水泥用量增大，干缩温缩严重，路面寿命缩短。本来就地取材是为了经济合理，而过早损坏安全寿命周期评价，实际成本提高，变成了经济不合理。

（3）在经济合理的前提下，保证设计强度，同时进一步减少温缩和干缩造成的开裂。

如何使水泥稳定材料在研究和应用上理论性更强，设计方法更方便，材料组成结构更合理，更有规律性和规范性，以便更好地指导设计与施工，以混凝土架构理论为基础，按弱混凝土行为状态来研究水泥稳定材料是本研究的重点与核心。

8.1.1　理论意义

架构理论是在水泥混凝土诸多理论基础上发展起来的，以新的组合要素来研究混凝土的创新性理论，以架构理论的观点和方法研究水泥稳定材料，是对架构理论的完善和发展。

水泥稳定材料是比较典型的道路基层材料，其研究理论主要延续密实填充理论。该理论认为在水泥稳定粒料达到最大密实状态时，粒料的占有质量为最大振动干密度状态，粒料颗粒间空隙率由水泥浆密实填充[23]。但该理论对水泥稳定材料中的水泥浆的组成和界限并没有定量规定，物理模型比较模糊，定性成分较多，对诸多变化的水泥稳定材料适用性较差。

长期以来，水泥混凝土研究主要是水泥石理论，即混凝土的强度主要取决于水泥石、集料和界面过渡区的综合效应。硬化水泥浆体和界面过渡区的强度均直接与水泥的强度有关。水泥的强度对混凝土整体强度有重要的影响，代表成果是著名的 Bolomey 经验公式。而混凝土性能影响因素纷繁复杂，随着研究的不断深入，基于水泥石理论的研究模式逐渐显现出了局限性，特别是不同的研究结论其指标和参数可比性不强[24]。

架构理论经过大量的研究、实践，发展已经比较成熟，它突破了古典的水泥石理论，以吴中伟院士和廉慧珍教授提出的“大中心质”学说理论为基础，参考垛密理论，给出了“三圆架构物理模型”。采用结构参数架浆比取代水灰比、砂浆比取代砂率，建立了以架浆比、砂浆比的偏离，单位用水量为参数的混凝土架构设计理论数学模型，并通过大量实验研究验证了这种模型的正确性[25]，而且使不同类型的混凝土研究统一到架构层、过渡层和砂浆层的理论研究框架之中。

水泥稳定材料是水泥基复合材料的一种，我国现行《混凝土结构设计规范》（GB 50010—2010）规定，普通混凝土按立方抗压强度标准值划分为：C7.5、

C10、C15、C20、C25、C30、C35、C40、C45、C50、C55、C60、C65、C70、C75、C80 等 16 个强度等级，而《公路路面基层施工技术细则》（JTG F20—2015）规定的水泥稳定材料 7 天无侧限抗压强度标准值在 8.0~7.0MPa，因此本研究将水泥稳定材料归属于弱强度混凝土范畴，水泥基复合材料包括高强混凝土、普通混凝土、贫混凝土、碾压混凝土、水泥稳定土等多种，是多组分、多层次、不均质结构的复合材料，具有非均质、非线性和各向异性等性质。因此，从系统论来讲，可以把水泥基复合材料看做是一个大的系统，而其包含的材料类型可以看做是系统的开放性导致的某种局域平衡状态[26]。架构理论主要研究对象是针对普通水泥混凝土的，而广义上来讲，水泥基复合材料都属于混凝土，不同类型的水泥基复合材料只是不同层次和组分从量变到质变的不同阶段而已。以架构理论为基础，在系统不同层次上建立不同形式的方程进行讨论，从而建立起研究简单巨系统的统一模型，揭示简单巨系统的演化发展规律。由于大系统模型具有维数高、关系复杂、目标多样等特点，使用传统建模方法十分困难，因此可引入多重建模、分解和简化的原则，以结构分析为指导，通过层次分解确定针对不同目标的建模类型，使状态空间分解，把整体建模转化为低维子系统模型，简单易解。水泥稳定材料与普通混凝土在原材料组成方面是相同的，区别就在于各组成材料的用量比例上，进而体现在其力学结构行为上。因此以架构理论的观点和方法研究水泥稳定材料是对架构理论研究与应用的扩展，是将整体建模转化为低维子系统模型的系统论思维与方法的具体体现。

8.1.2 实践意义

目前，工程上道路基层水泥稳定材料的设计方法主要是经验与试验相结合的方法，理论支撑和理论指导多有不足，仅根据经验采用多个水泥用量试配，以击实试验或振动试验确定最大干密度和最佳含水量，经过多种配比方案反复比较最终得出适当的配合比，工作量很大。即使采用计算法也只能大体确定最大干密度和最佳含水量，水泥用量的确定仍需 7 天无侧限抗压强度试验来实现，时间较长，在跟踪检测方面也需要 7 天的养生后测其强度，对实际工程指导意义不大。为此尽管也有诸多水泥稳定材料的组成设计方法研究，但都没有弥补强度等性能可知性滞后的缺陷以及研究对象为个案性的不足。采用架构理论的思想和方法设计水泥稳定材料，将水泥稳定材料的不同配比看作是架浆比、砂浆比的偏离及最佳用水量的不同，以此推导材料组成设计公式，建立以架浆比、细浆比的偏离及合理水泥剂量为要素的数学模型，结合其相对于标准水泥稳定材料的偏离程度对其结构性能进行预测研究，更能清楚看到水泥稳定材料的物化性能变化规律及其结构行为变化规律。将此应用在工程实践上，可提高水泥稳定材料的配合比设计和性能检验的准确性和实效性，减少工作量，提高劳动生产率，同时也可有效预估所配制的水泥稳定材料的力学性能和结构性能，对保证工程质量具有重要的指导意义。

可见，以架构理论为基础，进行水泥稳定材料的设计和性能研究，遵循了系统论的思想原则，扩展了架构理论的适用范围，并可直接用于工程实际，有效指导生产，很有意义。

8.2 国内外相关工作研究进展

8.2.1 国内研究现状

改革开放以来，我国公路建设得到了飞速发展，由于经济基础和技术基础所致，在相当长的一段时期内，半刚性基层仍将作为一种主导性基层应用于中国高速公路和一般公路路面[27]。在长期的探索与实践中，由于以水泥、石灰、工业废渣等铺筑的基层，刚度大、强度和承载力较高、利于就地取材而被广泛采用。其中水泥稳定材料由于整体性好、成本低、使用量大，最具代表性。因此国内对水泥稳定材料的研究广泛而深入，特别是在实际应用方面，针对某一水泥稳定材料的组成与性能研究比较多。

（1）在理论研究方面。对水泥稳定材料偏于理论研究的主要有长安大学的孙洪德，其进行了基于胶浆理论的水泥稳定砂砾组成设计参数及骨架状态评价指标研究，从材料组成设计参数和骨架结构评价两方面入手，通过大量室内外试验研究和理论分析，探讨了水泥胶浆富余量和粗集料粒径间距对水泥稳定砂砾基层路用性能的影响，建立了水泥胶浆富余量与路用性能的回归关系式，并推荐了合理的富余量范围，为水泥稳定砂砾基层设计及施工提供了评价集料骨架状态的实测指标[28]；沙爱民教授对半刚性基层材料进行了系统的研究，依据粗集料、细集料的分布状态将半刚性基层材料划分成 4 种结构类型[29]，具有架构理论的思想雏形，采用振动法制作了 4 种半刚性基层材料不同结构类型的梁试件，应用 MTS 试验机进行了疲劳性能试验，利用 Weibull 分布函数对疲劳试验结果进行回归分析，建立了不同材料不同结构试件的室内疲劳寿命预估模型，分析了半刚性基层材料的结构类型和弯拉强度对疲劳寿命的影响[30]。

（2）在配合比设计与试验方面。胡力群等研究了骨架孔隙结构水泥稳定碎石配比设计及路用性能，给出了骨架孔隙水泥稳定碎石基层材料粗、细集料级配范围、混合料各组成部分配比计算方法以及计算中所需相关参数测试方法，据此设计了骨架孔隙水泥稳定碎石混合料，并利用振动法成型了水泥含量分别为 6%、8%、10%的试件进行相应性能测试，试验中还与水泥含量为 6%的悬浮密实结构水泥稳定碎石进行了对比[31]；蒋应军等研究了密实骨架结构水泥稳定碎石路面配合比设计方法及抗裂性能及其在基层中的应用，并探讨了成型方法、水泥剂量等因素对强度的影响[32~34]；李明杰研究了半刚性基层材料的振动成型方法[35]；孟庆营则对静压法和振动法成型进行了比较[36]；周卫峰分别用静压法及振动法进行了水泥稳定碎石混合料级配和配比的优化，并对优化结果进行了对比分析，结论是用振动法优化的级配配比可显著提高半刚性基层的抗裂能力[37]；黄会明以有效模拟现场、试验结果复现性好为原则，对水泥稳定碎石类振动法配合比设计关键因素（振动参数、成型方式、级配设计、振动时间、最大干密度和最佳含水量的确定、水泥剂量的选取）进行了分析，在试验规程的基础上对配合比进行了优化设计并应用于工程实体，结果表明：优化后配合比设计试验结果的复现性较好，且可以有效地控制、提高实体工程质量[38]。

（3）在干温缩与抗裂性方面。对水泥稳定材料的干缩、温缩性能和抗裂性能的研究是比较集中的领域，主要是针对收缩与抗裂的行为、评价、控制措施进行的试验、分析与探讨。王艳、倪富健、李再新针对水泥稳定碎石基层在温度变化时易产生温缩裂缝，且现有试验方法和评价指标无法对其进行有效控制的问题，采用不同级配和水泥剂量的水泥稳定碎石混合料进行温缩性能试验，得出混合料温缩性能与水泥剂量、级配、温度等因素之间的关系，建立并验证了温缩性能预估模型[39]；孙兆辉、许志鸿等分析了水泥稳定碎石干燥收缩的影响因素，并从材料组成方面探讨了减少水泥稳定碎石基层材料干缩裂缝的方法，结果表明：集料级配组成、失水率、暴露时间、强度、空隙率等，均对水泥稳定碎石基层材料的干缩变形特性产生明显影响[40]；程箭、许志鸿等分析了静态模量和动态模量的定义及试验方法，并采用MTS（材料试验机）对3种水泥用量的水泥稳定碎石进行了不同荷载级位下的静态模量和动态模量试验，结果表明，动态模量试验方法更符合路面实际受力状况[41]；呙贵春、王捷、陈飞通过室内试验研究水泥稳定碎石基层混合料的无侧限抗压强度和回弹模量，并对其各自影响因素进行分析，对水泥稳定基层的抗压回弹模量与无侧限抗压强度之间的关系作了论述，阐述了建立两者关系的重要意义，并提出两种指标之间的关系式[42]；于新、黄晓明针对目前半刚性基层易出现温缩与干缩裂缝这一难题，试图从降低水泥剂量的角度来减少裂缝的产生，将低剂量水稳碎石做成梁式试件，并在两侧粘以电阻应变片，通过温度变化和含水量变化试验，测得了水泥剂量为2%、3%和4%的梁式试件的温度收缩系数和干缩系数，结果表明，不同龄期的干缩试验均呈现明显规律性，即随着水泥剂量的增大，干缩系数增大[43]；朱云升等对几种半刚性基层材料进行了室内干缩和温缩试验研究，分析了干缩应变、干缩系数、温缩应变、温缩系数等参数的变化规律[44]；刘清芳结合临长高速公路的路面结构设计，分析了水泥稳定碎石半刚性基层材料的抗干缩和抗温缩性能，并提出施工中的防裂措施[45]；光同文运用建筑力学基础理论，在半刚性基层与下承层相互作用基础上，推导出半刚性基层温缩应力、温缩裂缝间距及宽度的近似计算公式，分析了影响温缩性质的因素，探讨了温缩裂缝形成规律，并从设计和施工两方面提出了半刚性基层温缩裂缝的控制措施[46]；刘子忠等就渝湛高速公路粤境段半刚性基层施工实践，对半刚性基层产生裂缝的原因及处置方法进行了综合分析[47]；杨红辉等针对半刚性基层材料常出现的收缩裂缝病害，提出了干缩能抗裂系数和温缩能抗裂系数，从能量的观点把应力和应变结合起来，进而有效地评价半刚性基层材料抗裂性[48]。

（4）废旧利用与再生方面。为使经济可持续发展，满足环保节能要求，有很多学者开始了水泥稳定工业废渣的路用性能研究及再生骨料的性能研究。潘宝峰等系统研究了道路基层用无机结合料稳定铁尾矿砂的材料组成及其性能，并铺筑了试验路，取得了很好效果[49]；张大宁等对水泥稳定建筑垃圾进行了探讨，给出了建筑垃圾用于道路基层的配合比设计和力学性能[50]；胡力群等进行了水泥稳定废黏土砖再生集料基层材料性能试验[51]；张互助、程培峰对水泥稳定煤矸石抗裂性能进行了研究；杨俊、许威、张国栋、唐云伟进行了水泥稳定废弃风化砂无侧限抗压强度试验研究；曾梦澜、吴盛华、胡冰、孙艳华、龙劭进行了水泥稳定钢渣—碎石路面基层材料试验研究；徐文娟、王元纲、杨正军采用马鞍山钢渣公司的钢渣，通过室内试验，分析研究了水泥稳定土中掺入适量细钢渣代替部分土后，混合料的无侧限抗压强度的变化情况，结果表明钢渣取代部分土以后的水泥稳定土的无侧限抗压强度比不掺钢渣的情况有明显提高，水泥钢渣土混合料的抗压强度随钢渣掺量的增加，先增长后降低，掺量存在最佳值。水泥稳定再生骨料也是有价值的研究方向，国内学者对再生骨料应用于水泥混凝土中研究较多，王新波、张虹、李坤、杜婷等对再生骨料的特性及再生骨料混凝土进行了比较系统的研究，为再生骨料用于水泥稳定基层奠定了基础。

由以上的文献可以看出，作为水泥稳定材料的原材料包括碎石、砂砾、工业废渣、再生骨料等多种，各位学者多注重对特定材料如水泥稳定碎石、水泥稳定砂砾的性质、试验方法、材料组成设计的研究，研究范围都比较典型，均属个案研究，对于整个水泥稳定材料的研究缺乏系统性，而且没有明确的理论依据，其实践性更强一些。对水泥稳定材料的理论研究，特别是系统的、能够统一水泥稳定材料的理论研究比较少，还没有形成较完整的理论体系。

8.2.2　国外研究现状

水泥稳定材料在国外应用已有较长的历史，国外的半刚性路面的基层一般都采用水泥结粒料基层，极少采用其他类稳定处治基层。美国于 1935 年在 South Carolina 首次将其应用于公路建设，1937 年，美国加利福尼亚州铺筑了 3. 2km 的水泥稳定土基层，随后被广泛应用到公路和机场跑道建设中；法国是国际上采用半刚性基层沥青路面最普遍的国家之一，水硬性结合料稳定层总厚度为 5~65cm，要求水泥稳定基层的7天强度为4~5MPa，且主要用于温和气候地区及中等交通的道路，水泥稳定底基层的7天抗压强度为8.5MPa；南非的水泥稳定集料设计强度按压实度100%制件要求，但施工时按压实度97%制件质量检验，以符合施工实际情况。在《道路施工材料技术指南》（TRH14）中，水泥稳定材料的要求需明确控制上限和下限。日本住友金属公司曾采用经过蒸汽陈化过的钢渣作上层路基材料，配比为钢渣75%、高炉渣20%、高炉水淬渣5%，经过住友公司室内试验和小仓、路岛和歌山三个厂内试验路试验，以及两年的跟踪调查，证实道路表面质量完全没有因钢渣膨胀而造成异常现象。

Jutha Sunitsakul、Attasit Sawatparnich、Auckpath Sawangsuriya 对水泥稳定道路基层进行了大量统计分析，发现影响无侧限抗压强度的主要因素是 CBR（California bearing ratio）和水灰比，并依据标准条件建立了无侧限抗压强度统计预测模型；Lawrence、Lauriston A 对道路基层水泥稳定土优化水泥用量，提高强度、抗裂性和耐久性方面做了设计方法上的研究，对工程施工具有指导意义；Singh S P、Tripathy D P、Ranjith P G 对水泥稳定粉煤灰高炉矿渣在不同水泥用量下的最大干密度和最佳含水量进行了研究，并与水泥稳定相似尺寸的砂土进行了对比；A. Hilmi Lav、M. Aysen Lav、A. Burak Goktepe 对水泥稳定粉煤灰进行了不同水泥用量的研究，包括三轴试验、疲劳开裂试验，得出了不同结构层所需不同的水泥用量。

纵观国外关于水泥稳定材料的研究，与国内的研究方向、方法、手段基本一致，或是对某一种水泥稳定材料进行配比研究、性能研究，或是对大量水泥稳定材料的应用与性能进行总结及统计分析，而且都是水泥稳定材料的表观与宏观方面的性能研究，在微观和介观层面及其理论方面研究涉及不多，本研究以水泥混凝土架构理论为基础，将宏观与微观模型相结合为水泥稳定材料的理论与实践研究提供了方向和途径。

8.3 研究内容及研究方案

8.3.1 研究内容

基于以上研究背景、意义和研究现状，本研究的目标主要是借鉴水泥混凝土架构理论的思想和模型，建立适用于水泥稳定材料体系的 DSP（Density system containing homogeneously arranged ultra-fine particles）填充密实骨架新的三圆架构模型，推导反映水泥稳定材料力学性能的数学模型，研究以试配为基础的水泥稳定材料设计方法，建立新架构理论体系下的水泥稳定材料力学性能的预测模型。

（1）研究水泥混凝土与水泥稳定材料在材料用量比例与宏观力学性能的一

致性关系和突变关系，以及细观结构差异，改进和扩展水泥混凝土架构理论，建立 DSP 填充密实骨架新的三圆架构物理模型，以及将水泥剂量、架浆比、细浆比的偏离作为因变量，反映水泥稳定材料力学性能的数学模型。

（2）研究推导在 DSP 填充密实骨架模型下的水泥稳定材料的配合比设计方法和步骤。借鉴粗集料中断级配设计理念，修正各型号 CBG 水泥稳定材料级配组成计算参数，进而得到各型号 CBG 的级配组成，统计分析水灰比与混凝土（包括弱混凝土——水泥稳定材料）强度的关系，推导水灰比与最佳含水量的关系，从而得到水泥稳定材料最佳含水量关系式。通过干捣实粗集料孔隙率填充法和水泥结碎石孔隙填充法检验，求得理论上超细粉（硅灰）的掺加量。

（3）以力学强度试验和干缩温缩试验以及扫描电镜和离散元数值模拟两种手段，对比研究 DSP 填充密实骨架模型下掺加硅灰的水泥稳定材料物理力学的优越性。

（4）为保证无侧向抗压强度试验的准确性和高效性，研究多功能制件、脱模、测强一体化试验机。

（5）研究 DSP 填充密实骨架水泥稳定材料级配分形与力学性能之间的关系；研究水泥稳定材料主要影响因素与力学性能的关联性，进而研究水泥稳定材料的抗压强度、劈裂强度、抗压回弹模量与主要影响因素的关系，确定架构理论下 CBG 预测模型体系。

（6）架构理论下的水泥稳定材料的配合比设计方法与预测模型在水泥稳定建筑废砖、水泥稳定铸造废砂与铁尾矿等环保再生材料中的应用研究，对比传统方法与新方法的差异性，验证预测模型的正确性。

8.3.2　研究方案与技术路线

本研究以架构理论为基础，采用理论与试验相结合的方法进行研究。由于水泥混凝土和水泥稳定材料的本质区别就是材料用量比例的差异以及材料内部结构填充的差异。首先通过统计分析，找到水泥混凝土与水泥稳定材料在材料用量比例与力学性能的关系，进而建立架构理论物理模型和数学模型；在此基础上，通过计算、试验和推导，得出 DSP 填充密实骨架水泥稳定材料配合比设计方法；通过试验、观察细观形貌及离散元模拟分析，对比掺硅灰的 DSP 填充密实骨架水泥稳定材料与传统水泥稳定材料的差异性；在研究自动化制件脱模一体化试压机的基础上，经大量试验，建立架构理论下水泥稳定材料力学性能预测模型；最后对两类环保再生材料进行水泥稳定，验证理论模型、设计方法和预测模型。

本研究采取的技术路线如图 8.1 所示。

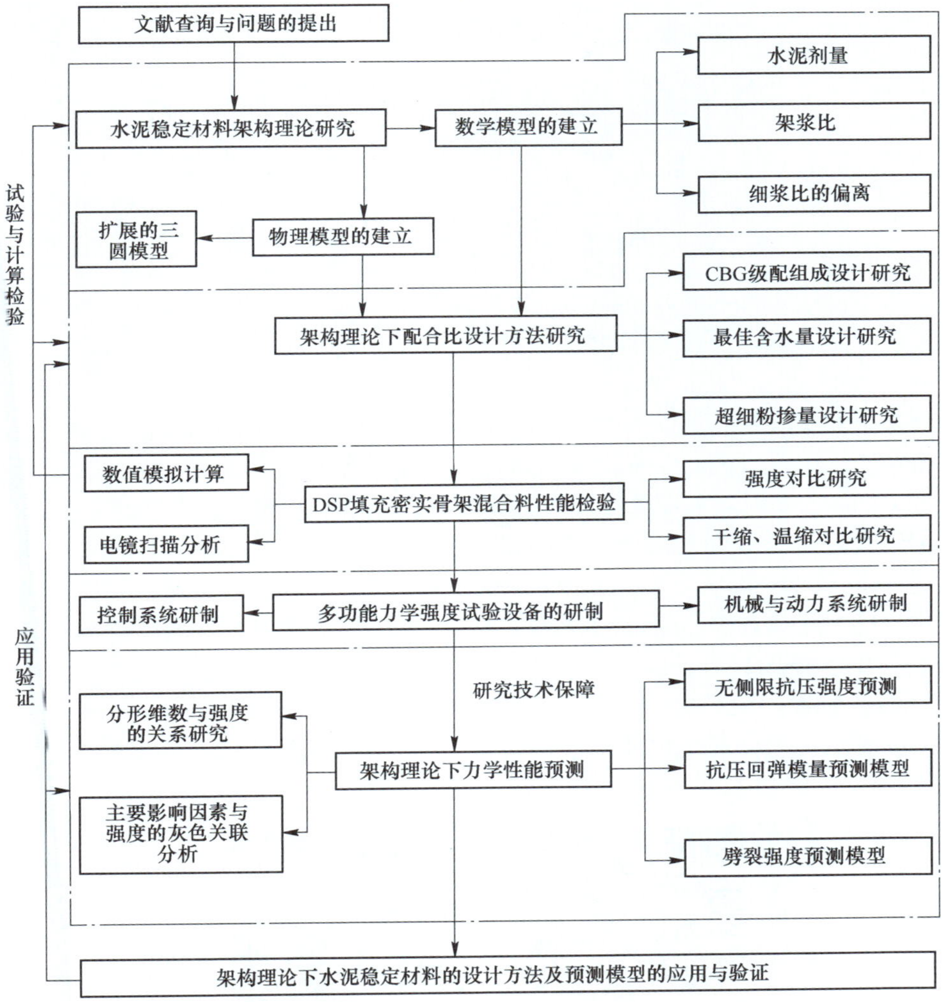

图 8.1 技术路线

Fig. 8.1 Technical route

9　水泥稳定材料的架构理论研究

9.1　水泥混凝土架构理论的发展历史

水泥混凝土是一种多材料的三相复合体，为探索其物理化学及力学规律，不同学者从颗粒划分、空间维数、组分功能等诸多方面对其进行了假设和理论研究。

最早的是已有二百年历史的“水泥石”理论，该理论认为混凝土的强度主要来源于水泥石。这对于集料和界面过渡区强度都高于“水泥石”的情形是正确的，因为水泥混凝土强度由其影响因素中最弱的那个因素决定，由 Bolomey 得出的经验公式（9.1）在一定范围内是有效的。

$$f_{cu}/f_{ce} = A(C/W - B) \tag{9.1}$$

式中，f_{cu}为混凝土 28 天的抗压强度；f_{ce}为水泥 28 天的抗压强度；C/W 为灰水比；A、B 分别为经验系数。

按照专家学者对水泥石理论的描述，为便于理解，本研究将其物理模型依据实际混凝土灰度化剖面图像形象地表示为图 9.1，水泥石强度是混凝土的主体强度。

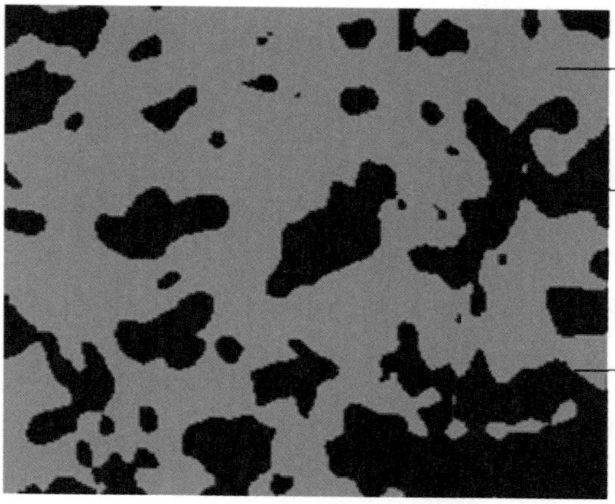

图 9.1　水泥石理论模型

Fig. 9.1　Theoretical model of cement paste

而现在水泥混凝土的强度等级从 C7.5 已发展到 C100 甚至 C300，水泥混凝土强度的决定因素复杂，需要对不同强度等级不同材料的混凝土建立新的模型。

在水泥石理论基础上，1958 年吴中伟院士提出了水泥基复合材料的“中心质假说”，也是混凝土架构理论模型的雏形。按照中心质假说理论，混凝土的力学行为是组分变化与中心质效应的结果，组分划分及关系如图 9.1 所示，其物理模型表现为明显的体积分形如图 9.2 所示，并给出了混凝土各组分的关系链，如图 9.3 所示。

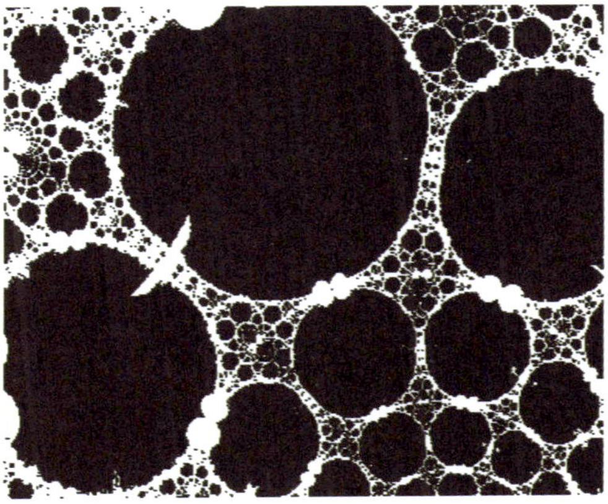

图 9.2　中心质假说的体积分形图

Fig. 9.2　Volume fractal of centrometal hypothesis

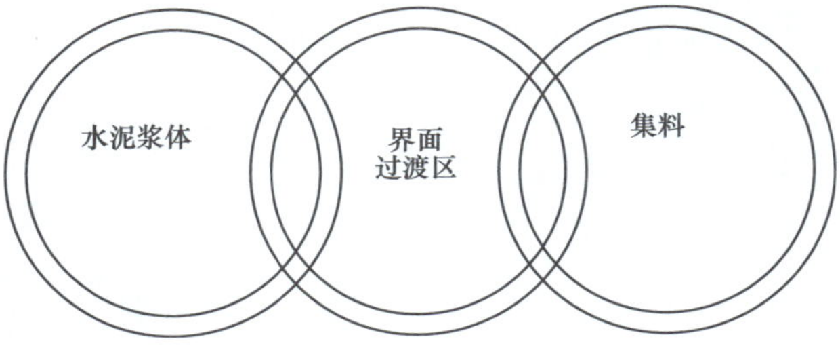

图 9.3　混凝土三个相关联的链

Fig. 9.3　Three interrelated chains of concrete

为了明确混凝土的各个组分对混凝土性能的贡献，王立久教授提出了混凝土组分“三圆模型”，如图 9.4 所示。

该模型将混凝土看作是由粗集料、砂浆和界面过渡区有机结合而成，粗集料为混凝土骨架，砂浆为连接骨架的“肌肉”，起固化胶结粗集料作用，砂浆中的细集料相当于“肌纤维”，粗集料与混凝土砂浆存在界面过渡区。架构模型认为细集料体积与水泥浆的比值决定混凝土的各种性能，以“砂浆比的偏离”作为

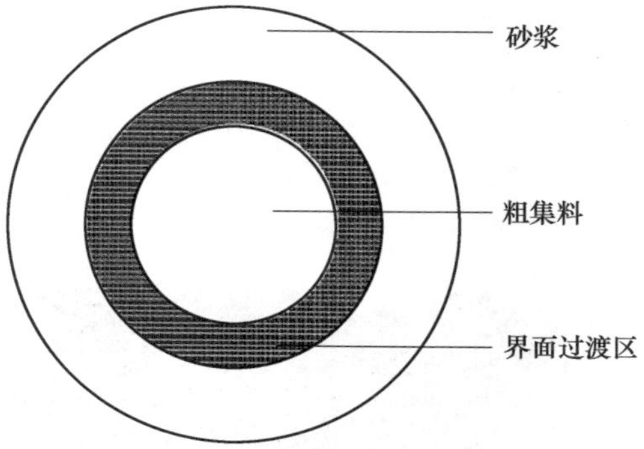

图 9.4　三圆模型
Fig. 9.4　Three circles model

普通混凝土与“标准混凝土”的比较指标。三圆模型明确了混凝土差异化的关键指标，使普通混凝土在力学行为上有了可比性。

9.2　水泥混凝土的 DSP 模型

对于高强/高性能混凝土（HS/HPC）和超高性能混凝土（U-HPC），超细粒子密实填充的水泥基材料是其获得高强度、高耐久性和高流动性的物质基础，因此架构理论模型还需要扩展和细化，由 Bache 的专利并经瑞典、挪威、冰岛等国应用开发而形成的超细粒子密实填充的水泥材料模型 DSP，是架构模型中对砂浆的强化模型，如图 9.5 所示。

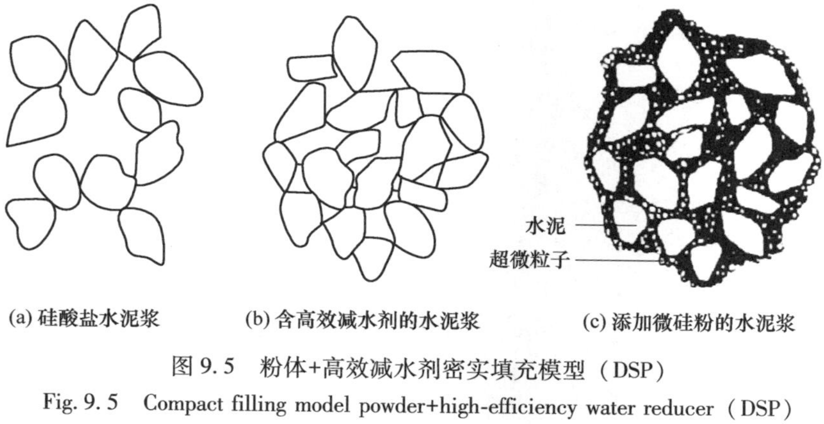

图 9.5　粉体+高效减水剂密实填充模型（DSP）
Fig. 9.5　Compact filling model powder+high-efficiency water reducer（DSP）

该模型的最大优点是能够使水泥基复合材料孔隙减少，更加密实，从而获得更高的强度。

9.3　水泥稳定材料的架构理论模型

9.3.1　水泥稳定材料的架构物理模型

如前文所述，水泥稳定材料为弱混凝土，纵观以上关于混凝土模型的研究思想，无论是混凝土还是水泥稳定材料，要想获得优质性能的水泥基混合料，密实填充是最基本理念。沙庆林院士认为，水泥稳定材料在水泥剂量和龄期相同的情况下，强度理论主要还是密实填充理论，即在水泥稳定粒料达到最大密实状态时，粒料的占有质量为最大振动干密度状态，粒料颗粒间空隙率由水泥浆密实填充。据此，沙庆林院士发明了粗集料断级配密实型结构（骨架密实型）新水泥稳定碎石（CBG），该结构材料在秦皇岛试验路使用中，90%以上基层没有产生开裂，很大程度上减少了水泥稳定碎石的收缩开裂。从以上的理论和实践可以发现，水泥稳定材料的收缩开裂问题，归根结底还就是水泥稳定材料的密实程度问题，反映在物理指标上，就是水泥稳定材料成型体的剩余孔隙率问题。中外专家学者长期以来所进行的控制级配、掺纤维、掺膨胀剂以及严格控制施工工艺等来减少收缩裂缝，核心问题还是水泥稳定基层的剩余孔隙率问题，可谓异曲同工。水泥基材料的硬化体是一种多孔质材料，有毛细管孔和凝胶孔。清华大学冯乃谦教授给出了水泥石孔隙对性能的影响，见表9.1。

表9.1　水泥石孔隙对性能的影响

Table 9.1　Effect of cement porosity on properties

名　称	直径	分类	对水泥石性能影响
有毛细管孔隙	10~0.05μm	大毛细孔	强度、渗透性
有毛细管孔隙	50~2.5nm	中等毛细孔	强度、渗透性及干缩
凝胶孔隙	10~2.5nm	小的凝胶孔	RH%<50%下的干缩
凝胶孔隙	2.5~0.5nm	微孔	干缩、徐变
凝胶孔隙	>0.5nm	层间孔	干缩、徐变

由表9.1可以看出，毛细管孔对强度和抗渗性能影响较大，而凝胶孔对干缩性能影响较大。水泥稳定材料粗骨料形成了骨架为什么还有收缩开裂，宏观上分析是细颗粒含量多、温度低、水分水化和散失以及碾压不到位等原因造成的；从微观角度分析，很大程度上可以解释为多种因素导致的材料结构毛细管孔、凝胶孔的孔隙率偏大，孔隙在内外环境作用下塌陷造成的。

沿着这一思路，沙院士研究计算的级配解决了颗粒为0.075mm以上水泥稳定材料结构的密实问题，如何更好地减少收缩开裂，解决该问题的最后一公里，就是0.075mm以下的颗粒密实问题，需要引入高性能和超高性能混凝土的“粉体+高效减水剂密实填充DSP模型”。DSP模型要求水泥基材料的密实填充体系由硅酸盐水泥+超细硅粉+高效减水剂和水组成，超细粉的粒径为水泥粒径的1/100~1/10，用于微填充，掺入高效减水剂，以获得最佳流动性。由于水泥稳定材料不需要流动性，因此，在DSP模型中去掉高效减水剂。根据日本等国的实践经验，硅粉混合水泥中，硅粉掺入量一般在5%~20%，通常为8%~10%，用于高强和超高强混凝土，由于水泥稳定材料要求强度很低，可取低值掺入，以降低黏度，降低水化热。

水泥稳定材料与普通混凝土存在以下主要差异：（1）水泥用量不同，一般水泥混凝土的水泥剂量在10%以上，而水泥稳定材料的水泥剂量一般不超过7%，因水泥稳定材料强度要求低；（2）用水量不同，水泥稳定材料成型含水量小于水泥混凝土成型含水量，因其水泥剂量低；（3）成型工艺不同，水泥混凝土一般通过振捣方式成型，而水泥稳定材料一般用碾压方式。但以上差异并不影响密实填充结构的形成，所以从这一角度，水泥稳定材料可以按弱强度混凝土来研究。

基于以上的研究与逻辑分析，笔者认为，在沙院士的断级配密实型水泥稳定材料结构中，按照DSP填充密实骨架结构来配制混合材料，形成了保证强度、防止收缩开裂的水泥稳定材料新的物理模型——DSP填充的密实骨架结构模型，如图9.6所示。这样，既可保证强度，减少收缩开裂，相同条件下又可降低水泥剂量。

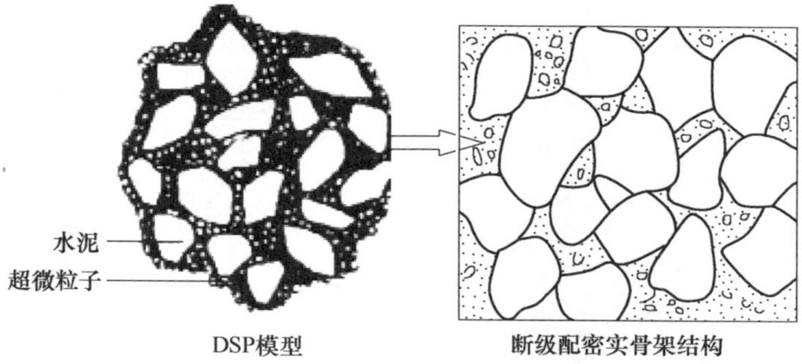

图9.6　DSP填充的密实骨架模型

Fig. 9.6　Dense skeleton model filled with DSP

水泥稳定材料DSP填充的密实骨架模型是混凝土架构理论模型的进一步完善和发展，依然符合架构理论的三圆模型框架，扩展的架构理论的三圆模型如图9.7所示。

对比图9.4和图9.7中可以看到，水泥混凝土架构理论模型与水泥稳定材料架构理论模型最大的差异就是砂浆层，由于水泥稳定材料不单独掺加砂，而视小于4.75mm颗粒为细集料，相当于砂，另外水泥稳定材料的水泥粒子由超细颗粒

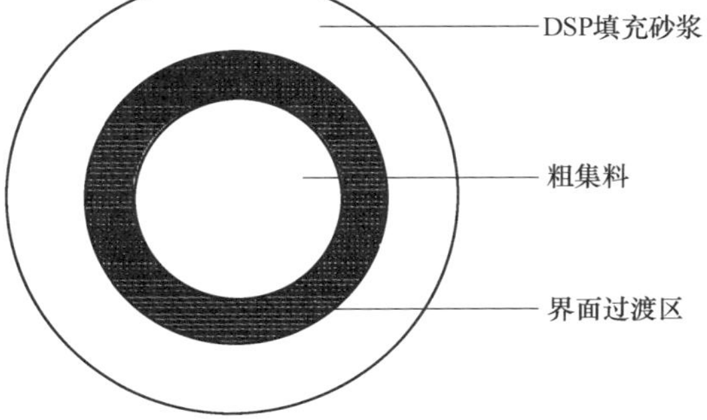

图 9.7　演化的架构理论的三圆模型

Fig. 9.7　The three-circle model of evolutionary architecture theory

填充，演化历程可表达为：C(水泥)+W(水)+S(砂)→C(水泥+超细粉)+W(水)+(细骨料)

9.3.2　水泥稳定材料的架构数学模型

引入王立久教授提出的架构理论核心概念——砂浆比的偏离、标准混凝土、架浆比，建立水泥稳定材料架构理论模型所需的三个概念。

(1) 细浆比。水泥稳定材料没有单独掺入的砂，按水泥混凝土规范中的规定，将粒径小于 4.75mm 的部分作为细集料，水泥与水组成水泥浆，细集料与水泥浆的比值称为细浆比，细集料与水泥浆的混合物是没有粗集料的水泥稳定材料（即水泥稳定细粒土）。

(2) 标准水泥稳定材料。为使原材料种类繁多、配合比各不相同的水泥稳定材料具有可比性和统一性，将质量比为 1∶3 的水泥与标准砂、水灰比为 0.5 的水泥胶砂看做是特例标准水泥稳定材料，其他水泥稳定材料相对于标准水泥稳定材料，是粗集料或细集料级配和掺量的改变导致单位体积中水泥稳定材料各组分用量的改变，使水泥稳定材料配合比中细浆比相对标准水泥稳定材料发生偏离。研究粗集料、细集料对水泥稳定材料的架构作用其实就是研究水泥稳定材料相对于标准水泥稳定材料的细浆比的偏离。

$$F_w = \frac{F}{C + W} = \frac{F/C}{1 + W/C} \tag{9.2}$$

F_w 为水泥稳定材料中的细浆比，标准水泥稳定材料中的细浆比为定值 2。F、W、C 分别为水泥稳定材料中的细集料、水和水泥用量。

$$\frac{F}{C} = 3 + \Delta \frac{F}{C} \tag{9.3}$$

F/C 为水泥稳定材料中的细灰比，标准水泥稳定材料细灰比为定值 3；$\Delta F/C$

为水泥稳定材料相对于标准水泥稳定材料细灰比的偏离；ΔF_w为水泥稳定材料相对于标准水泥稳定材料细浆比的偏离。

$$F_w = 2 + \Delta F_w \tag{9.4}$$

$$\Delta F_w = 1 + \frac{\Delta \frac{F}{C} - 3\frac{W}{C}}{1 + \frac{W}{C}} \tag{9.5}$$

式中，ΔF_w为细浆比的偏离，标准水泥稳定材料细浆比为2；W/C为水灰比，即最佳用水量与合理水泥用量的比值；$\Delta \frac{F}{C} = \frac{F}{C} - 3$，标准水泥稳定材料细灰比为3∶1。

值得注意的是，水泥混凝土砂浆比的偏离为负值，水泥稳定材料细浆比的偏离为正值。细集料与灰浆的比值变化相对于混凝土已在数量上发生了质的改变。

（3）架浆比。无论是水泥混凝土还是水泥稳定材料，其性能都是水泥、水、细集料、粗集料单一作用与耦合作用的结果。单一地考虑某一种原材料用量对混合料性能的影响，该种原材料必须与混合料性能有较大的关联度，才能在一定程度上对水泥稳定材料的物理力学性能产生影响，否则需考虑多种因素的综合作用。

架浆比就是综合考虑粗集料与水泥浆在不同比例下相互耦合作用的参数，其定义为：

$$R_{fm} = \frac{G}{C + W} \tag{9.6}$$

式中，R_{fm}为架浆比；G为大于等于4.75mm颗粒质量；C为水泥质量；W为水的质量。

对混凝土和水泥稳定材料在水泥用量、集料用量（包含细集料）、用水量三方面进行比较分析，观察其规律性。表9.2为经计算整理的水泥混凝土原材料用量比例，表9.3为水泥稳定材料的原材料用量比例。

表9.2　水泥混凝土材料用量比例

Table 9.2　Proportion of cement concrete material consumption

强度等级C10，混凝土强度$f_{cu}=16.6$，碎石$D\leqslant 20$mm，水泥强度$f_{ce}=37.5$			
坍落度SL/mm	粗砂	中砂	细砂
10~30	1∶8.87∶0.80	1∶8.44∶0.80	1∶8.02∶0.80
35~50	1∶8.26∶0.80	1∶7.85∶0.80	1∶7.46∶0.80
55~70	1∶7.67∶0.80	1∶7.32∶0.80	1∶6.98∶0.80
75~90	1∶7.18∶0.80	1∶6.83∶0.80	1∶6.52∶0.80

续表 9.2

强度等级 C15，混凝土强度 $f_{cu}=21.6$，碎石 $D\leqslant 20$mm，水泥强度 $f_{ce}=37.5$			
坍落度 *SL*/mm	粗砂	中砂	细砂
10~30	1∶8.41∶0.76	1∶7.99∶0.76	1∶7.56∶0.76
35~50	1∶7.82∶0.76	1∶7.41∶0.76	1∶7.05∶0.76
55~70	1∶7.25∶0.76	1∶6.90∶0.76	1∶6.59∶0.76
75~90	1∶6.76∶0.76	1∶6.45∶0.76	1∶6.17∶0.76
强度等级 C20，混凝土强度 $f_{cu}=28.2$，碎石 $D\leqslant 20$mm，水泥强度 $f_{ce}=37.5$			
坍落度 *SL*/mm	粗砂	中砂	细砂
10~30	1∶6.32∶0.59	1∶5.99∶0.59	1∶5.70∶0.59
35~50	1∶5.86∶0.59	1∶5.55∶0.59	1∶5.39∶0.59
55~70	1∶5.44∶0.59	1∶5.18∶0.59	1∶4.93∶0.59
75~90	1∶5.05∶0.59	1∶4.83∶0.59	1∶4.59∶0.59
强度等级 C25，混凝土强度 $f_{cu}=33.2$，碎石 $D\leqslant 20$mm，水泥强度 $f_{ce}=37.5$			
坍落度 *SL*/mm	粗砂	中砂	细砂
10~30	1∶5.24∶0.50	1∶4.95∶0.50	1∶4.70∶0.50
35~50	1∶4.84∶0.50	1∶4.59∶0.50	1∶4.35∶0.50
55~70	1∶4.49∶0.50	1∶4.26∶0.50	1∶4.05∶0.50
75~90	1∶3.97∶0.50	1∶3.36∶0.50	1∶3.77∶0.50
强度等级 C30，混凝土强度 $f_{cu}=38.2$，碎石 $D\leqslant 20$mm，水泥强度 $f_{ce}=37.5$			
坍落度 *SL*/mm	粗砂	中砂	细砂
10~30	1∶4.50∶0.44	1∶4.06∶0.44	1∶4.03∶0.44
35~50	1∶4.16∶0.44	1∶3.94∶0.44	1∶3.72∶0.44
55~70	1∶3.38∶0.44	1∶3.65∶0.44	1∶3.46∶0.44
75~90	1∶3.55∶0.44	1∶3.37∶0.44	1∶3.21∶0.44

注：表中数据来自黄政宇，赵俭英．混凝土配合比速查手册［M］．中国建筑工业出版社，2001 年第 2 版。

表 9.3　水泥稳定材料用量比例

Table 9.3　Proportion of cement stabilized material dosage

集料质量/g	水泥剂量/%	水泥质量/g	硅灰掺量/%	硅灰质量/g	最佳含水量/%	最佳含水质量/g	细集料质量/g	水泥∶集料∶水
1900	3	57	10	5.7	4.1	80.47	760	1∶30.3∶1.25
1900	4	76	10	7.6	5.0	99.18	760	1∶29.73∶1.19

续表 9.3

集料质量/g	水泥剂量/%	水泥质量/g	硅灰掺量/%	硅灰质量/g	最佳含水量/%	最佳含水质量/g	细集料质量/g	水泥：集料：水
1900	5	95	10	9.5	6.0	120.27	760	1：18.18：1.15
1900	6	114	10	11.4	6.5	131.65	760	1：15.15：1.05
1900	7	133	10	13.3	7.2	147.33	760	1：19.98：0.94

注：表中数据是本研究执行的试验数据，是每个试件的材料用量。

在水泥混凝土配合比中，以细集料为粗砂的不同强度等级的混凝土为例，提取集料用量、水灰比、架浆比以及不同强度等级的水泥稳定材料的集料用量、水灰比、架浆比，形成柱状图，如图 9.8~图 9.10 所示。

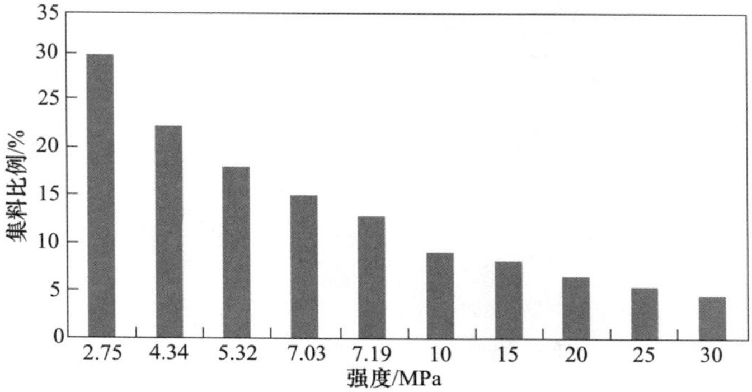

图 9.8　集料比例与强度的关系

Fig. 9.8　The relationship between aggregate proportion and strength

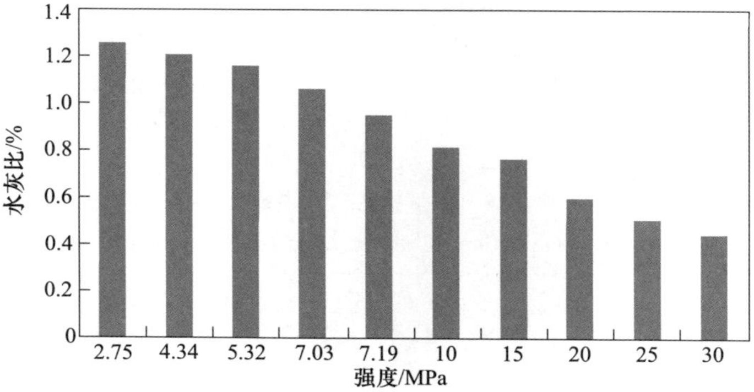

图 9.9　水灰比与强度的关系

Fig. 9.9　The relationship between water-cement ratio and strength

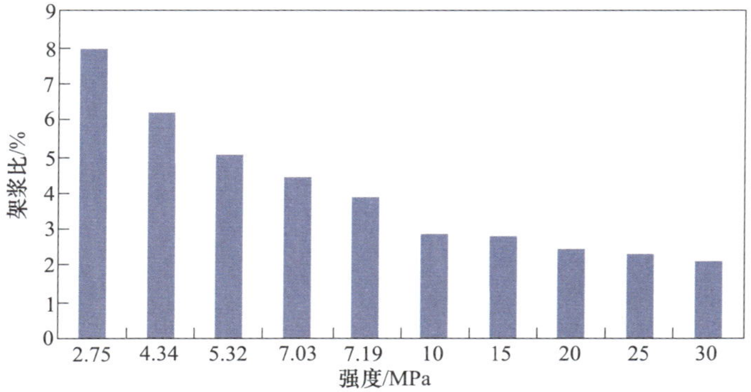

图 9.10 架浆比与强度的关系

Fig. 9.10 Relationship between slurry ratio and strength

从表 9.2、表 9.3 可以看到，水泥混凝土的用量比例从 1 : 3.21 : 0.44～1 : 8.44 : 0.8；水泥稳定材料用量比例从 1 : 30.30 : 1.25～1 : 19.98 : 0.94，集料比例和水灰比均随强度的增大而减小，也就是强度的提高需要降低集料和水的用量，相应地增加水泥的用量。这就是水泥基材料的基本配制趋势和走向。

由图 9.8～图 9.10 可以看到，无论是混凝土还是水泥稳定材料，集料用量、水灰比及架浆比均与抗压强度成反比。再结合表 9.3 可以看出，对于水泥稳定材料，水泥用量、细浆比的偏离、架浆比均与抗压强度呈线性关系。水泥稳定材料为弱混凝土，抗压强度要求较小，根据不同交通荷载等级，一般要求在 1.0～7.0MPa，由于是振动碾压成型，其抗压强度主要来自水泥硬化强度和颗粒材料架构作用，水泥剂量较小，粗集料骨架架构作用明显。水泥稳定材料力学性能的形成离不开内部因素和外部因素的相互作用，外部因素如温度、湿度等，按国家及行业标准执行，内部因素包括原材料性能及配合比等则是影响其性能的核心，通过以上试验及统计分析，可用线性关系描述水泥稳定材料的数学模型如式 (9.7) 所示。

$$R_c = aC_0 + bR_{fm} + c\Delta F_w \tag{9.7}$$

式中，R_c为水泥稳定材料 7 天的无侧限抗压强度；C_0为水泥剂量；R_{fm}、ΔF_w意义同前；a，b，c 分别为不同影响因素的回归系数。

由式 (9.7) 可以看到，a、b、c 代表三种主要影响因素对水泥稳定性材料抗压强度产生的影响速率和幅度，对于水泥稳定材料而言，C_0、R_{fm}均大于 0，ΔF_w一般都小于 0，该模型清晰地表明了水泥稳定材料的主要力学指标无侧向抗压强度与内部主要影响因素的关系，为后续水泥稳定材料的性能预测研究提供了思路，奠定了基础。

以水泥为胶结料可稳定的材料较多，物理化学特性各不相同，但本研究从材料组成结构入手，规范材料的级配组成以形成少孔密实结构，这样规律性更强，即使有差异也容易分析。从材料来源和规范性来看，水泥稳定碎石的研究和应用较多，质量可控性和物化规律性较好。故以水泥稳定碎石为典型的研究对象，按照 DSP 填充的密实骨架模型研究水泥稳定碎石的配合比设计方法、微观结构与抗裂机理、各种力学性能以及性价比，再将规律和成果拓展到其他水泥稳定材料中，推动水泥稳定材料的研究和应用进一步完善和发展。

10　架构理论下水泥稳定材料设计方法

10.1　现行水泥稳定材料设计方法

《公路路面基层施工技术细则》（JTG/T F20—2015）对水泥稳定材料给出了以试验为基础的水泥稳定材料设计方法，主要步骤如下：

（1）选择水泥剂量，即制备同一种土样、不同水泥剂量的水泥稳定土混合料。如做基层用中粒土和粗粒土：3%、4%、5%、6%、7%。

（2）确定混合料的最佳含水量和最大干密度（用标准重型击实试验）。至少做三个不同水泥剂量混合料的击实试验：

最小剂量：3%，5 个试件（ω_{01}，$\rho_{1\max}$），6~13 试件，6 天保湿 1 天保水养生

中间剂量：5%，5 个试件（ω_{03}，$\rho_{3\max}$），6~13 试件，6 天保湿 1 天保水养生

最大剂量：7%，5 个试件（ω_{05}，$\rho_{5\max}$），6~13 试件，6 天保湿 1 天保水养生

其余两个水泥稳定混合料的最佳含水量和最大干密度用内插法确定。

（3）进行 7 天无侧限抗压强度试验，确定合适的水泥剂量，计算强度代表值 R_d^0，满足式（10.1）、式（10.2）要求。

$$R_d^0 = R_d/(1 - Z_\alpha C_v) \tag{10.1}$$

$$R_d^0 \geqslant R_d \tag{10.2}$$

式中，R_d 为强度标准值。该方法比较准确，但过程比较繁琐。

在《道路工程材料》中，还有一种计算与试验相结合的设计方法，基本步骤是：

（1）计算最大干密度：

$$\gamma_{\max} = \frac{\rho_{\max}}{1 - \dfrac{(1 + k) \times a}{100}} \tag{10.3}$$

式中，$\gamma_{\max}$ 为水泥稳定粒料最大干密度；$\rho_{\max}$ 为集料振动最大干密度；k 为水泥水化用水比例；a 为水泥质量占水泥稳定集料总质量百分比。

（2）计算最佳含水率，包括水泥的水化水、集料的面湿饱水率、为拌和水泥所需要的水。计算公式如下：

$$\omega_0 = (W/C + k) \times a + (1 - a/100)\omega_g \tag{10.4}$$

式中，ω_g 为集料的面湿饱水率。

（3）进行强度试验，根据强度标准，选定合适的水泥剂量。

以上方法没有按架构思想进行配合比设计，是对一般材料进行水泥稳定的通用方法。长安大学胡利群将骨架密实结构和骨架孔隙结构的材料，通过试验研究了粗集料骨架的空隙率、破碎性、局部抗剪和应力应变性能，提供了粗集料级配依据和细集料级配范围，该研究为架构理论下配合比设计奠定了基础。

10.2 架构理论下水泥稳定材料设计方法

10.2.1 集料级配组成设计

按照架构理论来设计水泥稳定材料，才能获得最理想的耐久性，《公路路面基层施工技术细则》给出了推荐级配，但不是最佳的级配，是为工程应用规定的宽泛界限，实际工程应用中，一般难以做到使用理论计算给出的级配去生产，但需要理论计算的级配去指导实践，以便评价实践中非理论级配带来的偏差。2006年沙庆林院士所创的水泥碎石基层粗集料断级配设计和检验方法，为水泥稳定材料按架构理论设计提供了途径。

该方法所提出的粗集料断级配是指矿料级配中以粗集料为主，或粗集料占多数（通常不少于60%），设计粗集料、细集料的级配各采用一个幂函数。

设计的基本方程式为：

$$P_{d_i} = A\left(\frac{d_i}{D_{\max}}\right)^B \tag{10.5}$$

式中，P_{d_i}为筛孔 d_i 的通过率；d_i 为某筛孔尺寸，mm；$D_{\max}$为最大粒径，mm；A、B 为待定参数。

使用该公式的统一规定是：粗细集料的分界筛孔尺寸统一为4.75mm，大于4.75mm为粗集料；小于4.75mm为细集料，公称最大粒径以上保留的0~10%的超尺寸粒径统一为0。即公称最大粒径就是实际最大粒径，其通过率均为100%。

这样，只要确定最大粒径和控制性筛孔尺寸，即可确定 A、B 值。

为方便集料级配设计，本研究分别对 CBG-25、CBG-20、CBG-16、CBG-13、CBG-10 的级配进行了计算。按《沙庆林院士论文选集》的建议，各型号混合料的控制筛孔（4.75mm）的通过率小于等于40%，即选用中断级配，本研究除沙院士所给的 CBG-25 案例外，小于4.75mm 筛孔的通过率均采用40%。

（1）中断级配参数计算

按照式（10.5）分别计算 CBG-25、CBG-20、CBG-16、CBG-13、CBG-10 在26.5~4.75mm 的 A、B 值和4.75mm 以下的 A、B 值，见表10.1。

（2）依据以上计算的 A、B 参数，计算各类型筛孔的通过率，见表10.2~表10.6。

表 10.1 各类型级配 *A*、*B* 参数计算

Table 10.1 Each type gradation *A*, *B* parameter calculation

名称	最大粒径 /mm	通过率/%	*A*	*B*	控制筛孔 /mm	通过率 /%	*A*	*B*
CBG-25	26.5	100	100	0.5940	4.75	36	36	0.4759
CBG-20	19	100	100	0.6609	4.75	40	40	0.4573
CBG-16	16	100	100	0.7545	4.75	40	40	0.4573
CBG-13	13.2	100	100	0.8965	4.75	40	40	0.4573
CBG-10	9.5	100	100	1.3219	4.75	40	40	0.4573

表 10.2 CBG-25 各筛孔通过率

Table 10.2 CBG-25 screen hole pass rate

筛孔/mm	26.5	19	16	13.2	9.5	4.75	2.36	1.18	0.6	0.3	0.15	0.075
通过率/%	100.0	82.1	74.1	66.1	54.4	36.0	25.8	18.6	13.4	9.7	7.0	5.0
累计筛余	0.0	17.9	25.9	33.9	45.6	64.0	74.2	81.4	86.6	90.3	93.0	95.0
分计筛余	0.0	17.9	25.9	8.0	11.7	18.3	10.2	7.3	5.1	10.8	2.7	2.0

表 10.3 CBG-20 各筛孔通过率

Table 10.3 CBG-20 screen hole pass rate

筛孔/mm	26.5	19	16	13.2	9.5	4.75	2.36	1.18	0.6	0.3	0.15	0.075
通过率/%	100.0	100.0	89.3	78.6	63.2	40.0	29.0	21.2	15.5	11.3	8.2	6.0
累计筛余	0.0	0.0	10.7	21.4	36.8	60.0	71.0	78.8	84.5	88.7	91.8	94.0
分计筛余	0.0	0.0	10.7	10.7	15.4	23.2	11.0	7.9	5.6	4.2	10.1	2.2

表 10.4 CBG-16 各筛孔通过率

Table 10.4 CBG-16 screen hole pass rate

筛孔/mm	26.5	19	16	13.2	9.5	4.75	2.36	1.18	0.6	0.3	0.15	0.075
通过率/%	100.0	100.0	100.0	86.5	67.5	40.0	29.0	21.2	15.5	11.3	8.2	6.0
累计筛余	0.0	0.0	0.0	13.5	32.5	60.0	71.0	78.8	84.5	88.7	91.8	94.0
分计筛余	0.0	0.0	0.0	13.5	19.0	27.5	11.0	7.9	5.6	4.2	10.1	2.2

表 10.5 CBG-13 各筛孔通过率

Table 10.5 CBG-13 screen hole pass rate

筛孔/mm	26.5	19	16	13.2	9.5	4.75	2.36	1.18	0.6	0.3	0.15	0.075
通过率/%	100.0	100.0	100.0	100.0	74.5	40.0	29.0	21.2	15.5	11.3	8.2	6.0
累计筛余	0.0	0.0	0.0	0.0	25.5	60.0	71.0	78.8	84.5	88.7	91.8	94.0
分计筛余	0.0	0.0	0.0	0.0	25.5	34.5	11.0	7.9	5.6	4.2	10.1	2.2

表 10.6　CBG-10 各筛孔通过率

Table 10.6　CBG-10 screen hole pass rate

筛孔/mm	26.5	19	16	13.2	9.5	4.75	2.36	1.18	0.6	0.3	0.15	0.075
通过率/%	100.0	100.0	100.0	100.0	100.0	40.0	29.0	21.2	15.5	11.3	8.2	6.0
累计筛余	0.0	0.0	0.0	0.0	0.0	60.0	71.0	78.8	84.5	88.7	91.8	94.0
分计筛余	0.0	0.0	0.0	0.0	0.0	60.0	11.0	7.9	5.6	4.2	10.1	2.2

将 CBG-25、CBG-20、CBG-16、CBG-13、CBG-10 的通过率汇总，形成曲线图 10.1。

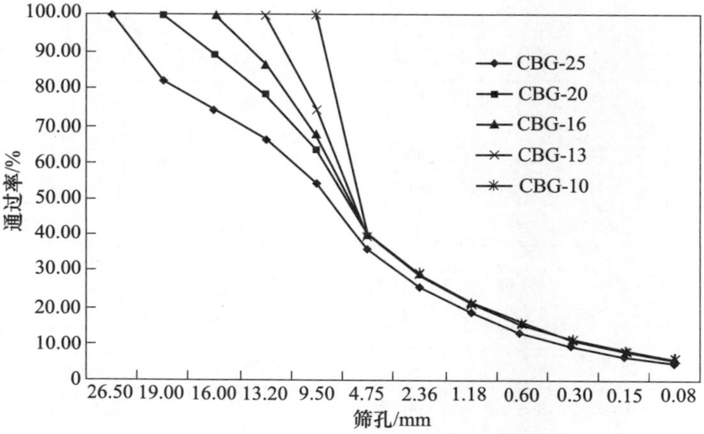

图 10.1　各类型 CBG 级配

Fig. 10.1　Gradation of various CBG

从图 10.1 的各型号 CBG 通过率可以看到，各型号通过率曲线走向基本一致，均在 4.75mm 处出现中断拐点，除 CBG-25 沿用了沙庆林院士的级配外，其他型号级配较 CBG-25 略偏细一些，另外 4.75mm 以下曲线比较平顺，偏于连续密级配，保证对粗集料骨架的填充，4.75mm 以上颗粒在各筛孔通过率较均衡，保证了骨架的形成。

10.2.2　水泥用量与最佳含水量的确定

（1）强度、水灰比与最佳含水量的关系。水泥稳定材料为弱强度混凝土，其水灰比与水泥混凝土水灰比存在一定的联系，经统计发现，强度等级越高，水灰比越小；否则反之。引用《混凝土配合比设计手册》数据，集料最大粒径 $D_{max}=16$mm，水泥为 32.5 号普通硅酸盐水泥，配制不同强度等级与所需水灰比见表 10.7。

表 10.7 32.5 普通硅酸盐水泥混凝土强度等级与水灰比

Table 10.7 Strength grade and water-cement ratio of 32.5 ordinary portland cement concrete

水灰比	0.96	0.83	0.66	0.51	0.44	0.38
强度等级	7.5	10	15	20	25	30

将表 10.7 数据绘制成曲线，并进行回归，得到的曲线如图 10.2 所示。

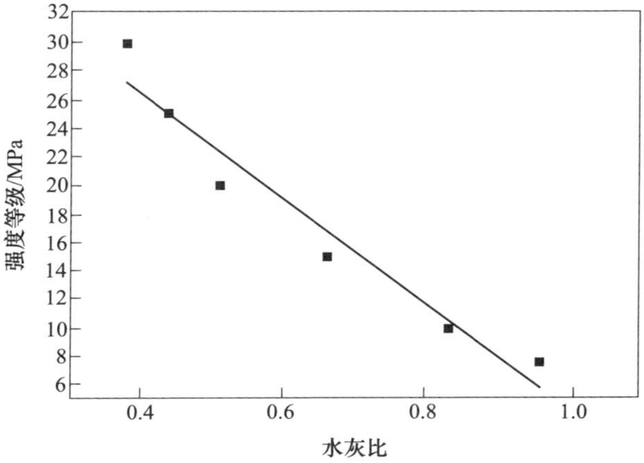

图 10.2 32.5 普通硅酸盐水泥混凝土强度等级与水灰比

Fig. 10.2 Strength grade and water-cement ratio of 32.5 ordinary portland cement concrete

回归方程为：

$$R_d = -37.005W/C + 41.230 \tag{10.6}$$

其中，相关系数 $R^2 = 0.9332$。

当集料最大粒径 $D_{max} = 16$mm，水泥为 42.5 号普通硅酸盐水泥时，配制不同强度等级与所需水灰比见表 10.8。

表 10.8 42.5 普通硅酸盐水泥混凝土强度等级与水灰比

Table 10.8 Strength grade and water-cement ratio of 42.5 ordinary portland cement concrete

水灰比	1.227	1.072	0.855	0.66	0.57	0.49
强度等级	7.5	10	15	20	25	30

同样，将表 10.8 数据绘制成曲线，并进行回归，得到的曲线如图 10.3 所示。

回归方程为：

$$R_d = -29.104W/C + 41.559 \tag{10.7}$$

其中，相关系数 $R^2 = 0.9392$。

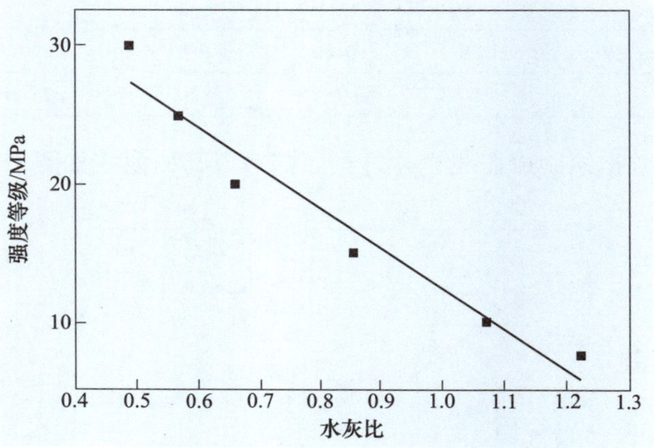

图 10.3　42.5 普通硅酸盐水泥混凝土强度等级与水灰比

Fig. 10.3　Strength grade and water-cement ratio of 42.5 ordinary Portland cement concrete

式（10.6）、式（10.7）表明，水灰比增大，强度会降低。应用这一规律，进而求得水泥稳定材料的最佳含水量，根据各参量的定义，可推导出如下关系：

对于水泥稳定材料，各参量的关系为：

$$\text{最佳含水量}\ \omega_0 = \frac{\text{水的质量}}{\text{水泥质量} + \text{干的集料质量}} \times 100\% \tag{10.8}$$

$$\text{水泥剂量}\ c_0 = \frac{\text{水泥质量}}{\text{干的集料质量}} \times 100\% \tag{10.9}$$

对于普通混凝土，水灰比为：

$$\text{水灰比}\frac{W}{C} = \frac{\text{水的质量}}{\text{水泥质量}} \tag{10.10}$$

由此推出：

$$\frac{W}{C} = \omega_0\left(1 + \frac{1}{c_0}\right) \tag{10.11}$$

根据式（10.11），拟定水泥剂量 c_0 及拟定标准强度 R_d，则可求出最佳含水量 ω_0。该公式适用条件：集料为碎石或卵石，若是其他集料，则需在 ω_0 基础上加上集料的吸水率 ω_{ab} 进行修正，从而得到最佳含水量的修正公式为：

$$\overline{\omega}_0 = \frac{W/C}{1 + \dfrac{1}{c_0}} + \omega_{ab} \tag{10.12}$$

以此制作试件，检验是否满足要求，若试验所得强度不足或过大，重复上述步骤，可得最合理水泥剂量和最佳含水量。

其中，水泥稳定材料不同公路等级、不同层次的强度要求按表10.9选择。

表10.9　水泥稳定材料强度要求

Table 10.9　Strength grade and water-cement ratio cement stable material strength requirement

结构层	公路等级	极重、特重交通	重交通	中、轻交通
基层	高速公路和一级公路	5.0~7.0	4.0~6.0	10.0~5.0
	二级及二级以下级公路	4.0~6.0	10.0~5.0	2.0~4.0
底基层	高速公路和一级公路	10.0~5.0	2.5~4.5	2.0~4.0
	二级及二级以下级公路	2.5~4.5	2.0~4.0	1.0~10.0

（2）实例验证。引用《沙庆林院士论文选集》中“重载交通长寿命沥青路面关键技术（之四）——新水泥碎石基层的创新点”试验数据，CBG-25水泥碎石，水泥剂量为7%，强度要求为6MPa，使用32.5水泥，按式（10.11）计算，当$R_d=6$MPa时，$W/C=0.95$，代入式（10.12），由于试验全部集料吸水率为0.49%，修正后的$\overline{\omega}_0=6.7\%$，而试验所得的最佳含水量为6.5%，误差仅为0.2%，因此通过回归公式所得的结果完全满足试验与工程需要。

10.2.3　DSP超细粉（硅灰）的确定

硅灰是一种常用的性能较好的超细粉，按照本研究提出的保强度、防缩裂新的物理模型——DSP填充的密实骨架结构模型，科学合理地计算硅粉的掺加量尤为重要，并探索超细粉的加入对水泥稳定材料物理力学性能的影响。

硅灰的加入是一种密实填充，为此要计算成型水泥稳定材料剩余孔隙率，进而换算成硅粉添加量。

计算成型水泥稳定材料剩余孔隙率实际就是对矿料级配进行检验和对水泥稳定材料成型试件进行检验，其方法分别称为VCA_{DRF}法（干捣实粗集料孔隙率填充法）、VCA_{CBG}法（水泥结碎石孔隙填充法）。

（1）VCA_{DRF}法的基本方程：

$$P_{ca}+P_{fa}+P_{fi}=100\% \tag{10.13}$$

$$P_{ca}/GCA_{DRC}\times(VCA_{DRC}-V_a)=P_{fa}/G_{b,fa}+P_{fi}/G_{a,fi}+P_C/G_C=100\% \tag{10.14}$$

式中，P_{ca}为粗集料的含量百分率；P_{fa}为细集料的含量百分率；P_{fi}为填料的含量百分率；P_C为水泥的含量百分率；V_a为CBG中预留的空气率或孔隙率，%；$G_{b,fa}$为细集料的毛体积密度，g/cm^3；$G_{a,fi}$为填料的视密度，g/cm^3；G_C为水泥的视密度，g/cm^3。

（2）VCA_{CBG}的检验过程：

1）计算试件中全部矿料的质量，即全部矿料的质量=最大干密度/(1+水泥剂量)，再根据各自的百分比含量分别计算水泥的质量、粗集料的质量、细集料的质量、粉料的质量；

2）计算细集料的孔隙率，即细集料的孔隙率=1-粗集料的毛体积，再根据各自的质量和毛体积密度分别计算粉料的体积、水泥的体积，根据水泥水化所需要的水、集料吸收的水，计算有效水的体积；

3）最后计算试件的实际空气率 V_a，将上述过程编成计算程序，可方便获得 V_a。将 V_a换算成硅粉质量，并与水泥质量相比较，得到硅粉占水泥质量的百分比。

（3）硅灰填充量。如上述实例，CBG-25 属于粗粒式水泥稳定材料，按大试件 150mm×150mm 试验，依上述步骤进行检验，得 V_a=1.6%，试件理论体积为 2650.72cm^3，计算的孔隙体积为 42.39cm^3，试验测得硅灰平均密度为 1.25g/cm^3，所以填充试件孔隙需要硅灰 52.99g，该实例试件水泥用量为 396.6g，故得硅灰/水泥=110.35%。（注：水泥+矿料+水=6457.15g，水/(水泥+矿料)= 6.5%，水泥/矿料=7%，得水=394.1g，水泥=396.6g）

硅灰混合水泥的硅灰掺量通常为 5%～20%，上述结果与此做法相符。一般 CBG-25 水泥稳定材料成型后的孔隙率在 1.6%～4%，硅灰掺量可在 10%～33%之间，依据不同剩余孔隙率选择。其他类型的水泥稳定材料同样按照上述方法确定硅灰用量，考虑水泥稳定材料级配的差异性，推荐硅灰掺量为 10%～20%，与经过生产实践检验的硅灰水泥的比例相当，硅灰可作为胶凝材料计入水泥剂量。

10.3　DSP 填充密实骨架水泥稳定材料的强度对比分析

为探讨水泥稳定碎石 DSP 填充的密实骨架结构的强度规律，本部分仅拟定在水泥剂量为 5%的情况下，考察不掺硅灰水泥稳定碎石内掺硅灰水泥稳定碎石（水泥+硅灰组成的胶凝材料占 5%）、外掺硅灰水泥稳定碎石（水泥+硅灰组成的胶凝材料占 5.5%）三种配合比设计方案中 7 天无侧限抗压强度的差异性，按《公路工程无机结合料稳定材料试验规程》（JTG E51—2009）方法，求最佳含水量、制作试件、养生、测定强度。

试验原材料包括粗集料、细集料、填料、水泥、硅灰和水。粗集料采用辽阳小屯石灰岩质碎石；细集料采用鞍山市大孤山石灰岩质碎石；填料为鞍山市大孤山石灰岩质石屑筛底料，将各材料按方孔标准筛筛成各粒级规格料，如图 10.4 所示。

各级粒径集料基本物理性能见表 10.10。

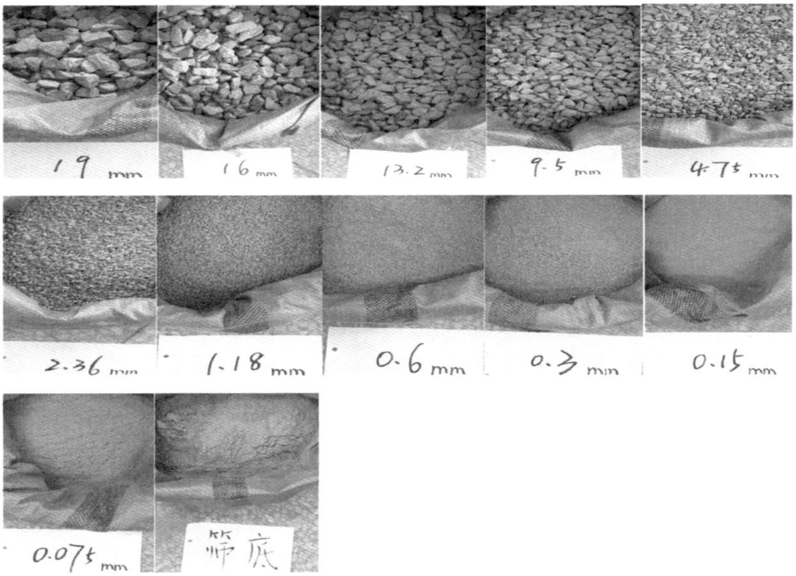

图 10.4　各粒级规格料

Fig. 10.4　Each grain size specification material

表 10.10　基本物理性能

Table 10.10　Basic physical properties

筛孔/mm	26.5	19	16	13.2	9.5	4.75	2.36	1.18	0.6	0.3	0.15	0.075
表干密度 /g·cm^{-3}	2.768	2.776	2.770	2.753	2.700	2.759	2.701	2.694	2.688	2.654	2.674	2.665
毛体积密度 /g·cm^{-3}	2.722	2.730	2.734	2.727	2.692	2.678	2.681	2.670	2.647	2.652	2.635	2.632
表观密度 /g·cm^{-3}	2.784	2.787	2.780	2.778	2.885	2.727	2.726	2.708	2.719	2.721	2.717	2.704
吸水率 ω_{ab}/%	0.4	0.4	0.4	0.5	0.5	0.5	0.9	1.3	1.5	1.6	1.8	1.8

其中辽阳小屯石灰岩质碎石、鞍山市大孤山石灰岩质碎石的压碎值分别为110.2%、15.6%，吸水率分别为0.41%、0.56%。

硅灰又称微硅粉，为工业电炉在高温熔炼工业硅及硅铁的过程中，随废气逸出的烟尘经特殊的捕集装置收集处理而成。其中，SiO_2含量约占总量的90%，颗粒度非常小，平均粒度近于纳米级别。

硅灰能够填充水泥颗粒间的孔隙，与水化产物生成凝胶体，与碱性材料氧化镁反应生成凝胶体。在水泥基混合料中掺入适量的硅灰，可较好地提高抗压、抗折、抗渗、防腐、抗冲击及耐磨性能，提高耐久性，还可降低成本，防止发生混凝土碱骨料反应。本研究所用硅灰由洛阳某公司生产，硅灰中细度小于 1μm 的占 80%以上，平均粒径在 0.1~0.3μm，比表面积为 20~28m^2/g。

试验所用水为日常饮用水。试验所用的水泥为冀东牌 32.5 级矿渣硅酸盐水泥，按照《公路工程水泥及水泥混凝土试验规程》试验方法，性能指标检验见表 10.11，各项技术指标满足路面基层材料要求。

表 10.11　水泥技术指标检验

Table 10.11　Cement technical index inspection

试验项目		试验方法	技术指标	试验结果
细度/%		筛析法	≤10	5
初凝时间/min		维卡仪试针法	≥45	135
终凝时间/min		维卡仪试针法	≤600	246
安定性/mm		雷氏夹法	≤5.0	0.7
抗折强度/MPa	3 天	中心加荷法	≥10.5	4.1
	28 天	中心加荷法	≥6.5	7.4
抗压强度/MPa	3 天	压力机	≥17.0	21.4
	28 天	压力机	≥32.5	40.8

试验采用 CBG-20 型级配见表 10.1。

在内掺和外掺硅灰方案中，混合搅拌顺序为：先投入骨料，然后投入硅灰、水泥干拌后，再加入水。采用土工标准击实试验测定各配合比设计方案的最佳含水量，操作流程如图 10.5 所示。

图 10.5　测定含水量操作流程

Fig. 10.5　Operational procedures for determination of moisture content

三组方案的最佳含水率和最大干密度曲线如图 10.6~图 10.8 所示。

试件制作为 100mm×100mm 中型试件。试验方案及材料参量见表 10.12。

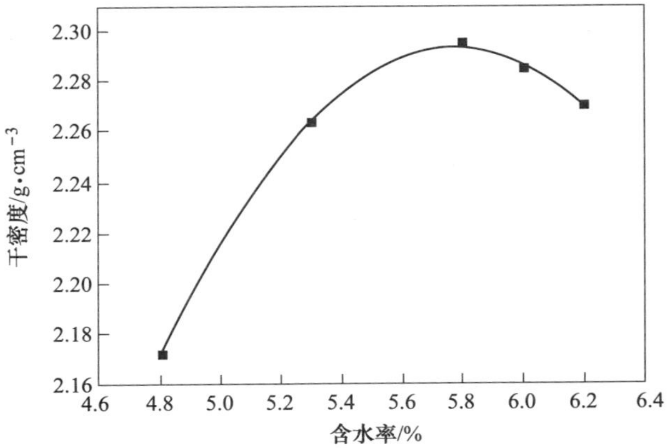

图 10.6 不掺硅灰水泥稳定碎石干密度-含水率

Fig. 10.6 Dry density-water content of cement stabilized macadam with no silica fume

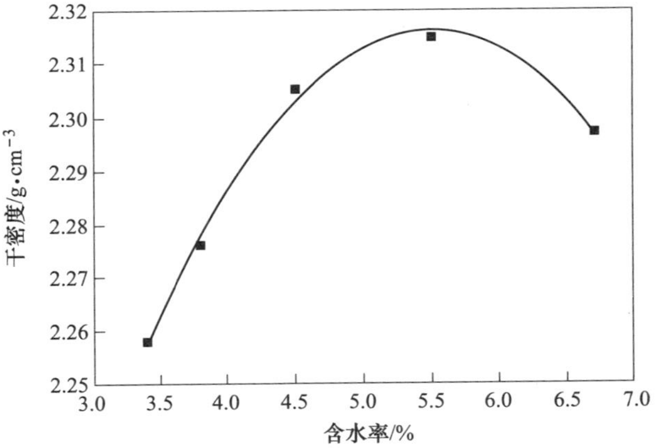

图 10.7 内掺硅灰水泥稳定碎石干密度-含水率

Fig. 10.7 Dry density-water content of cement stabilized macadam with internal mixing

表 10.12 无侧限抗压强度试件材料参量

Table 10.12 Unconfined compressive strength specimen material parameters

名 称	最大干密度/g·cm^{-3}	水泥剂量/%	最佳含水率/%	硅 灰
不加硅灰	2.295	5	5.74	0
内掺硅灰	2.316	5	5.4	水泥质量的 10%
外掺硅灰	2.364	5	6.0	水泥质量的 10%

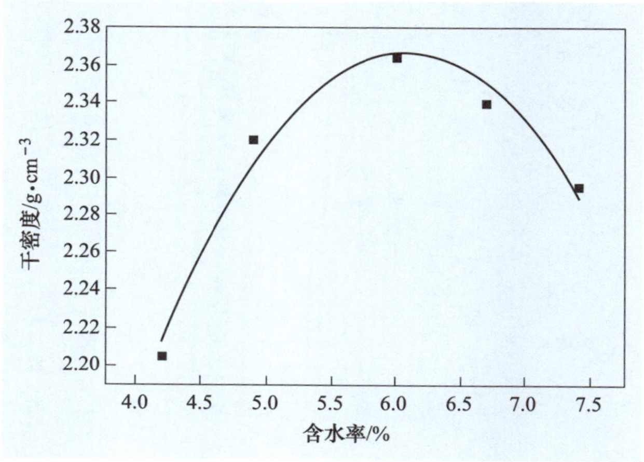

图 10.8　外掺硅灰水泥稳定碎石干密度-含水率

Fig. 10.8　Dry density-water content of cement stabilized macadam with external mixing

在 20±2℃温度下，经过 6 天保湿，1 天饱水的养生，进行无侧限抗压强度试验（见图 10.9），测得强度结果见表 10.13。

图 10.9　无侧限抗压强度试验

Fig. 10.9　Unconfined compressive strength test

表 10.13　无侧限抗压强度

Table 10.13　Unconfined compressive strength　　(MPa)

名称	不掺硅灰	内掺硅灰	外掺硅灰
1	4.36	4.24	5.33
2	4.4	4.25	5.29
3	4.35	4.3	5.33
4	4.43	4.28	5.3

续表 10.13

名称	不掺硅灰	内掺硅灰	外掺硅灰
5	4.36	4.3	5.36
6	4.41	4.24	5.31
7	4.4	4.32	5.29
8	4.32	4.24	5.35
9	4.38	4.3	5.34
强度均值	4.38	4.27	5.32

由此可见，外掺硅灰的水泥稳定材料无侧限抗压强度最高，比不掺硅灰的水泥稳定材料无侧限抗压强度提高 17.6%，内掺硅灰比不掺硅灰降低 2.6%，这也印证了内掺硅灰可基本保持原不掺硅灰强度，外掺硅灰可显著提高水泥稳定材料的强度。证明了本研究提出的 DSP 填充密实骨架模型在强度表现方面是正确的。

10.4 DSP 填充密实骨架水泥稳定材料的收缩性能对比分析

DSP 填充密实骨架水泥稳定材料的显著特征就是硅灰粒子对微孔隙的填充，这必然会对其收缩性能产生影响。水泥稳定材料的收缩性包括干缩和温缩两类。研究表明，水泥稳定材料在成型初期由于水泥水化、水分蒸发、毛细作用等因素，干缩起主导作用；在成型中后期，受温度影响较大，温缩占主导地位。那么水泥稳定材料掺加超细粒子和不掺加超细粒子的差异如何，仍以 CBG-20 为例，按外掺和不掺硅灰两种方案，分别测试其干缩和温缩性能，混合材料级配方案见表 10.1。

10.4.1 干缩性能对比分析

干缩试验按试验操作规程进行，首先制作 100mm×100mm×400mm 的小梁试件，将成型试件在温度为 20±2℃、湿度不低于 95%标准条件下养护 7 天，采用电阻应变片测量方法，恒温箱温度设定为 40℃，读取应变和含水量的时间为 0h、2h、4h、8h、12h、24h，试验数据见表 10.14。

表 10.14 干缩试验结果

Table 10.14 Test results of dry shrinkage test

名 称	试验指标	0h	2h	4h	8h	12h	24h
不掺硅灰水泥稳定材料	含水量/%	5.78	5.48	5.00	4.40	10.70	2.80
	干缩应变/($\times10^{-6}$)		33	79	114	156	212
	失水率/%		0.30	0.78	1.38	2.08	2.98
	平均干缩系数/($\times10^{-6}$)		110	101	83	75	71

续表 10.14

名　称	试验指标	0h	2h	4h	8h	12h	24h
外掺硅灰水泥稳定材料	含水量/%	6.10	5.89	5.66	5.28	4.50	10.48
	干缩应变/($\times10^{-6}$)		20	43	63	118	178
	失水率/%		0.21	0.44	0.82	1.60	2.62
	平均干缩系数/($\times10^{-6}$)		95	98	77	74	68

为方便直观分析，将表中数据绘成折线图，如图 10.10~图 10.12 所示。

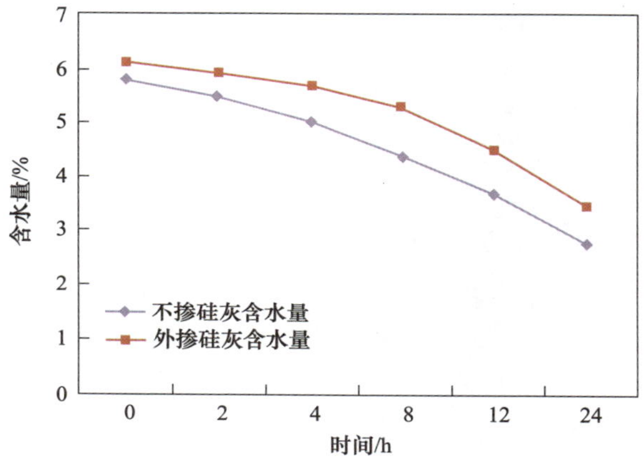

图 10.10　时间与含水量的关系

Fig. 10.10　The relationship between time and water content

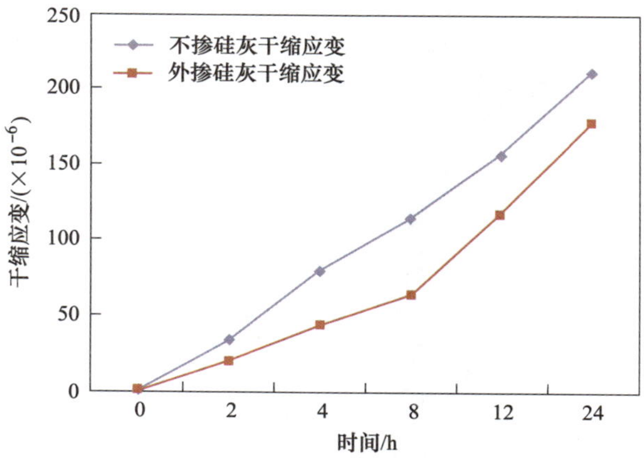

图 10.11　时间与干缩应变的关系

Fig. 10.11　Relation between time and dry shrinkage strain

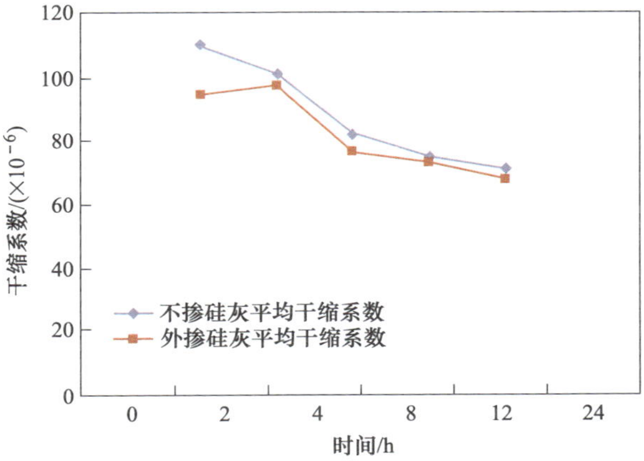

图 10.12 时间与平均干缩系数的关系

Fig. 10.12 Relation between time and average shrinkage coefficient

从图 10.10 可以看到，随时间的延长，两种水泥稳定材料的含水量都在减少，但外掺硅灰水泥稳定材料的含水量单位时间内比不掺硅灰水泥稳定材料损失要慢一些、要少一些，显示了硅灰的保水性，因为硅灰颗粒细小，具有很高的火山灰活性，与水发生了化学反应，生成了凝胶材料；图 10.11 反映了两种水泥稳定材料的干缩应变随时间在增长，但外掺硅灰水泥稳定材料的干缩应变明显小于不掺硅灰水泥稳定材料，说明外掺硅灰水泥稳定材料由于硅灰的微粒子填充，比较密实，加上所生成的凝胶使黏结力增加，微变形很小；图 10.12 反映了两种水泥稳定材料的平均干缩系数随时间在增长，但外掺硅灰水泥稳定材料的平均干缩系数要小于不掺硅灰水泥稳定材料，说明外掺硅灰水泥稳定材料因水分流失而发生的变形比较小，从侧面也反映了外掺硅灰的填充作用和致密效果。

10.4.2 温缩性能对比分析

水泥稳定材料的温缩试验是测定温度降低时材料的收缩性能，同样制作 100mm×100mm×400mm 的小梁试件，按上述标准养护条件养护 6 天，最后一天饱水养生，养生结束后将试件放入 105℃的烘箱中，烘干 12h 至恒重，处理表面，粘贴应变片，试验环境箱温度变化为-20~50℃，每个温度保持 2h，每 10℃读取一次应变值，试验数据见表 10.15。

表 10.15　温缩试验结果

Table 10.15　Test results of temperature shrinkage

名称	试验指标	50	40	30	20	10	0	-10	-20	温缩系数均值
不掺硅灰水泥稳定材料	温缩应变/($\times10^{-6}$)	0	112	201	280	343	407	481	556	7.94
	温缩系数/($\times10^{-6}$)		11.2	8.9	7.9	6.3	6.4	7.4	7.5	
外掺硅灰水泥稳定材料	温缩应变/($\times10^{-6}$)	0	96	168	239	296	351	419	488	6.97
	温缩系数/($\times10^{-6}$)		9.6	7.2	7.1	5.7	5.5	6.8	6.9	

将表中试验数据绘成折线图，如图 10.13、图 10.14 所示。从图 10.13 可以看到，两种水泥稳定材料随温度的降低，温缩应变都在增加，但外掺硅灰水泥稳定材料的温缩应变比不掺硅灰水泥稳定材料的温缩应变要小一些，说明硅灰的填充作用和胶凝作用使水泥稳定材料的收缩受温度变化要小于不掺硅灰的水泥稳定材料。图 10.14 反映了两种水泥稳定材料的温缩系数随温度降低，有先减小后略有增大的趋势，而外掺硅灰水泥稳定材料的温缩系数比不掺硅灰水泥稳定材料的温缩系数在相同温度时要小一些，同样说明外掺硅灰水泥稳定材料随温度变化而收缩的敏感性要低。

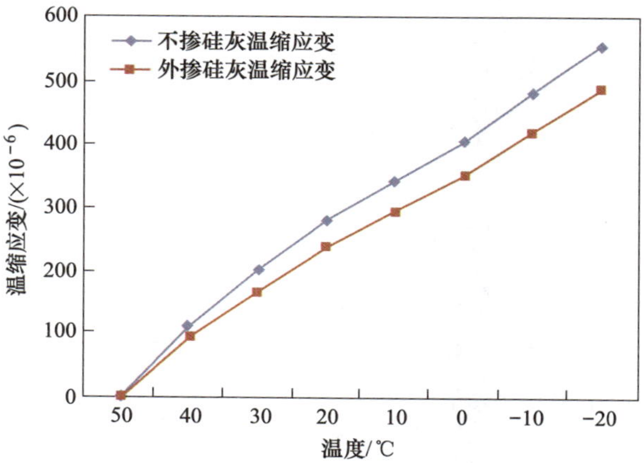

图 10.13　温度变化与温缩应变的关系

Fig. 10.13　Relation between temperature and temperature shrinkage strain

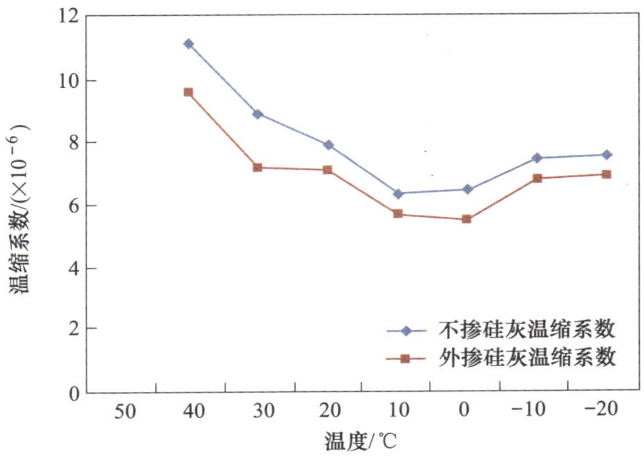

图 10.14　温度变化与温缩系数的关系

Fig. 10.14　Relation between temperature and temperature shrinkage coefficient

10.5　DSP 填充密实骨架水泥稳定材料的微观对比分析

DSP 填充密实骨架水泥稳定材料最大的特点就是为水泥稳定材料中的孔隙找到了一种有效填充方法，即超细粉-硅灰的填充。水泥稳定材料所需的用水量为最佳水泥用量，以保证获得最大干密度，它不同于水泥混凝土以最小用水量已获得最大抗压强度，因此 DSP 模型对于水泥稳定材料不需要高效减水剂。

成型的水泥稳定材料剩余孔隙主要是水泥浆不饱满，而水泥浆不饱满多为水泥粒子间的孔隙。硅粉是非常细小的非晶质硅，火山灰活性较强，在水泥水化初期与氢氧化钙反应，生成 C-S-H 凝胶，硅粉粒径约为水泥粒子的 4%，可很好地填充于水泥粒子孔缝中，如图 9.6 所示。

在 DSP 填充密实骨架水泥稳定材料中，理论上由硅灰粒子填充水泥颗粒，但实际情况和状态因级配和用水量等因素的不同，也区别于水泥混凝土，因此有必要实际观察其形貌以获得可靠证据。扫描电镜（SEM）是介于透射电镜和光学显微镜之间的一种观察微观形貌及组织形式的工具和手段，可对材料表面特征进行微观成像。扫描电镜因型号厂家不同功能特点有所不同，一般放大倍数在 20~20 万倍之间，可连续调节，而且景深、视野大，成像立体感强，凹凸不平表面的细微结构都可直接观察。扫描电镜的 X 射线能谱仪可进行显微组织形貌的观察和微区成分分析。在土木与建筑工程领域，为了探索建筑材料的物理力学特性，研究方法已从很单纯的宏观表现方面延伸到微观组织与结构方面，如对集料表面的观察、对建筑粉体材料的观察、对混凝土微观结构的观察等，都很好地辅助了对材料物理力学特性的研究与理解。

为探索水泥稳定碎石中微粒子的填充分散状态与周围介质之间的关系，运用德国蔡司公司（ZEISS）生产的 Sigma HD 场发射扫描电镜对 CBG-20 水泥稳定碎石外掺硅灰、内掺硅灰和未掺加硅灰的三种试件试样分别进行电镜扫描和对比分析。

10.5.1　样品准备与电镜扫描工作环境

参考样品制备方法，将养护 28 天的三种试件破碎，取至少具有一个平面的相对规则的样品，三维尺寸在 5~10mm 之间，为了使观察的形貌更具代表性，试验对每个方案的碎片均选取 2 块，由于样品表面有零散浮尘，需要清洗，故首先将样品浸泡在盛有乙醇的小烧杯中，再将其置于超声波清洗器中，清洗后，用电热吹风机吹干，用锡纸包裹，留出观测面。由于所观测样品不具导电性，再将样品置于小型离子溅射仪中镀金。样品制作如图 10.15 所示。

超声波清洗试样　　试样放入离子溅射仪　　试样镀金

图 10.15　试样制作

Fig. 10.15　Sample making

实验过程中，保证电压稳定，环境温度控制在 18~25℃，湿度控制在 60%以下，如图 10.16 所示。

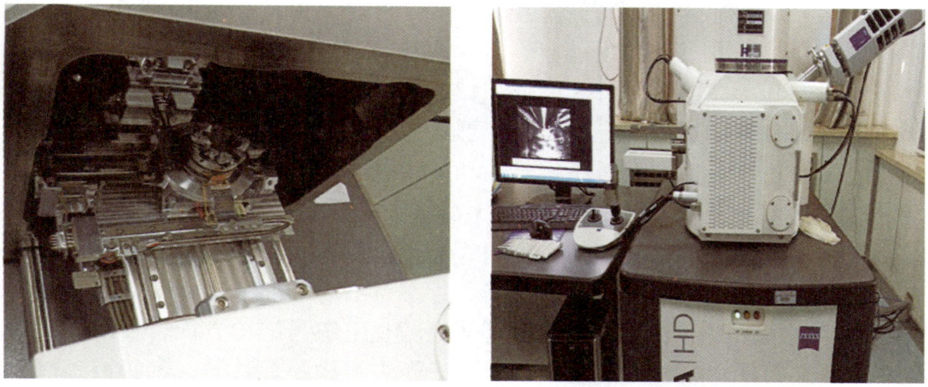

样品放入观察室　　启动设备与程序

图 10.16　放入试样与启动

Fig. 10.16　Put in sample and start

10.5.2　扫描及图像分析

通过手柄控制观察样品位置，鼠标控制调节放大倍数，对试样进行观察。得到的图像如图 10.17~图 10.19 所示。

图 10.17　三种样品放大 20000 倍对比图

Fig. 10.17　Magnification of the three samples by 20000 times

从扫描电镜图像可以看到：

（1）水泥粒子的多少和均匀性与剩余孔隙率有关，未掺加硅灰的水泥稳定材料孔隙明显大于掺加硅灰的水泥稳定材料，如图 10.17~图 10.19 所示。孔隙是抗压强度容易产生应力集中的地方，孔隙率高，强度相对就会降低，这与表 10.13 中未掺硅灰的水泥稳定材料的强度明显小于掺硅灰的水泥稳定材料的强度表现相一致。

（2）掺加硅灰的水泥稳定材料其硅灰粒子在水泥粒子周围的排列，外掺比内掺要来的密集，说明内掺尚未填满剩余孔隙，或者说外掺的硅灰填充水泥粒子间的孔隙比内掺要饱满，这也与 7 天无侧向抗压强度表现一致。

（3）外掺硅灰尽管填充较饱满，但仍有一定量的孔隙未完全填充，10%的外

未掺加硅灰

内掺硅灰

外掺硅灰

图 10.18　三种样品放大 5000 倍对比图

Fig. 10.18　Magnification of the three samples by 50000 times

掺硅灰量并不是完全填充的理论值，需用 VCA_{DCR} 检验，计算后的硅灰用量才能完全填充。但对于水泥稳定材料基层来说，本身并不需要太高的强度，10%的掺量就已满足工程要求。

从材料微观角度分析，掺加硅灰的水泥稳定材料内部结构的孔隙显著减少甚至消失，密实性大大提高。硅灰不仅填充了水泥粒子间的孔隙，消除了应力集中效应，另外它还与游离的 $Ca(OH)_2$ 结合，形成稳定的硅酸钙水化物 $2CaO \cdot SiO_2 \cdot H_2O$，该水化物凝胶强度高于 $Ca(OH)_2$ 晶体，硅灰在水泥稳定材料内部起到基础加强的作用，进而提高了水泥稳定材料的整体强度。

水泥稳定材料力学强度的形成主要包括：化学作用如水泥粒子的水化、硬化

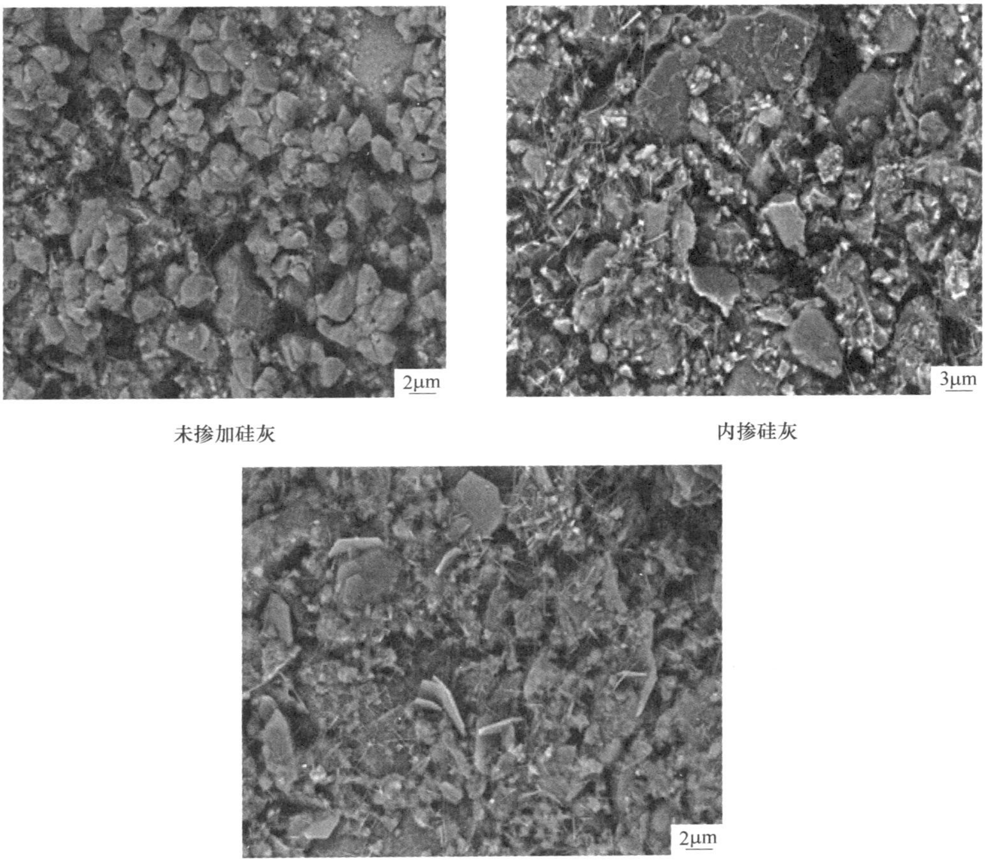

未掺加硅灰　　内掺硅灰

外掺硅灰

图 10.19　三种样品放大 2000 倍对比图

Fig. 10.19　Magnification of the three samples by 2000 times

作用以及与硅灰、矿质集料之间的化学作用；物理化学作用如硅灰与水泥及水泥水化产物之间的吸附作用，微粒的凝聚作用，水及水化产物的扩散、渗透作用，水化产物的溶解、结晶作用等；物理作用如微粒子分散、混合料拌和、成型时的颗粒重分布等。其中水泥水化过程简式可表达为：

$$2C_3S + 6H_2O \longrightarrow C_3S_2H_3 + 3CH$$

$$2C_2S + 4H_2O \longrightarrow C_3S_2H_3 + CH$$

$$C_3A + 6H_2O \longrightarrow C_3AH_6$$

$$C_4AF + 7H_2O \longrightarrow C_4AFH_7$$

在水泥水化的碱性环境中，硅灰的主要成分 SiO_2 的活性被激发，与溶液中的

Ca^{2+}进行反应，生成了新的硅酸钙水化物，其组成和结构与水泥水化产物类似，具有较强的胶凝能力，在整体强度上表现为对水泥稳定材料的增强。

在水泥稳定材料养生过程中，水泥水化生成的$Ca(OH)_2$还进一步与空气中的CO_2反应生成碳酸钙结晶，尽管该作用较弱，但也对强度产生一定的增强作用。

因此在密实骨架水泥稳定材料中掺加适量的硅灰，一方面水泥稳定材料的早期强度增长较快，同期强度显著提高，另一方面，硅灰颗粒更加细小，有效填充了水泥粒子之间的孔隙，并且以凝胶形式存在，提高了水泥稳定材料的密实性，进而提高了水泥稳定材料的物理力学性能。

硅灰在水泥稳定材料中的掺加量相对较少，仅为水泥剂量的10%~30%，由于掺加硅灰可大幅度延长水泥稳定材料的使用寿命，从工程全寿命周期评价，成本还是有所降低的。

10.6　DSP 填充密实骨架水泥稳定材料的数值模拟对比分析

10.6.1　模拟方案的确定

架构理论下的水泥稳定材料除了有规范的颗粒级配，还有微粒子密实填充，为了探索密实填充后的水泥稳定材料在静荷载作用下的力学响应，采用 PFC 模拟软件对拟定的水泥稳定碎石沥青路面进行结构模拟，分析评估水泥稳定材料的力学表现，PFC 模拟软件是细观分析的有力工具。

PFC 是分析颗粒流的程序，用于研究散粒体或可简化为散粒体的系统。有二维和三维之分。与连续介质力学方法不同，PFC 力求从微观结构角度研究介质的力学特性和行为，即介质的基本构成为颗粒，介质的宏观力学特性如本构决定于颗粒和黏结的几何和力学特性。PFC 中的颗粒为刚性颗粒，在力学关系上允许重叠，以模拟颗粒之间的接触力。颗粒之间的力学关系非常简单，即牛顿第二定律。颗粒之间的接触破坏可以为剪切和张开两种形式，当介质中颗粒间的接触关系（如断开）发生变化时，介质的宏观力学特性可以经历从峰前线性到峰后非线性的转化，即介质内颗粒接触状态的变化决定了介质的本构关系。因此，在 PFC 计算中不需要给材料定义宏观本构关系和对应的参数，这些可通过参数标定程序自动获得，对于参数的标定方法不同模拟对象虽有差异，但基本思想和过程是一致的，国内外学者对此做了诸多探索。

随着经济的发展，我国公路已走过了大建设大发展阶段，进而步入大规模的维修改造期。目前，路面工作状态信息大多是来自表面层的检测与试验，对于半刚性基层路面，水泥稳定材料基层的结构破坏规律与状态，如冲刷、干温缩、掏空等信息尚不容易获得，而通过软件进行模拟分析是一种有效的方法和手段。很多学者使用 PFC 软件对沥青混合料、水泥稳定材料、土基进行数值模拟的研究，对于离散元软件使用的参数标定、过程方法也多有论述。水泥稳定材料的力学行为与集料级配、水泥胶结料及空隙等细观结构相关性较大。数值模拟有很多方法，但基于连续介质力学的有限单元法不能很好地反映水泥稳定材料内部结构的非均质性和不连续特性。颗粒离散元法不受变形量限制，可方便处理非连续介质力学问题，体现多相介质的不同物理关系，有效地模拟介质的开裂、分离等非连续现象，能够反映机理、过程、结果等。

本研究采用 PFC2D 离散元颗粒流分析软件，对典型水泥稳定碎石基层沥青路面进行模拟，模拟方案中仅水泥稳定碎石基层发生改变，即采用 CBG-20 外掺硅灰和不掺加硅灰的两种水泥稳定碎石基层，以重点考察水泥稳定材料的力学表现，方案见表 10.16。

表 10.16 离散元模拟结构层方案

Table 10.16 Discrete element simulation structure layer scheme

名称	方案一	方案二
上面层	AC-10 沥青混凝土 4cm	AC-10 沥青混凝土 4cm
下面层	AC-16 沥青混凝土 5cm	AC-16 沥青混凝土 5cm
基层	水泥稳定碎石 30cm（不掺加硅灰）	水泥稳定碎石 30cm（外掺硅灰）
土基	计算深度 40cm	计算深度 40cm

10.6.2 各结构层材料性能

（1）原材料。为了使模拟计算真实准确，符合实际状况，对路面结构层所用的原材料进行了试验测试，对沥青混合料、水泥稳定碎石混合料进行了配合比设计。粗细集料及水泥的物理力学性能如 10.3 节所述。沥青采用盘锦北方沥青股份有限公司生产的 90 号道路石油沥青，主要技术指标见表 10.17。

表 10.17 A-90 号道路石油沥青的主要技术指标

Table 10.17 Main technical specifications of A-90 road petroleum asphalt

性能指标	单位	试验结果	指标参数	试验方法
针入度（25℃，100g，5s）	0.1mm	92	80~100	T0604
软化点（环球法）	℃	46.5	≥44.0	T0606
延度（5cm/min，15℃）	cm	121.2	≥100	T0605

（2）混合料。图 10.20 为 AC-10 矿料合成级配曲线，最佳油石比为 5.4%；图 10.21 为 AC-16 矿料合成级配曲线，最佳油石比为 4.9%。水泥稳定碎石的级配如图 10.1 中的 CBG-20，材料试验比例参数见表 10.12。

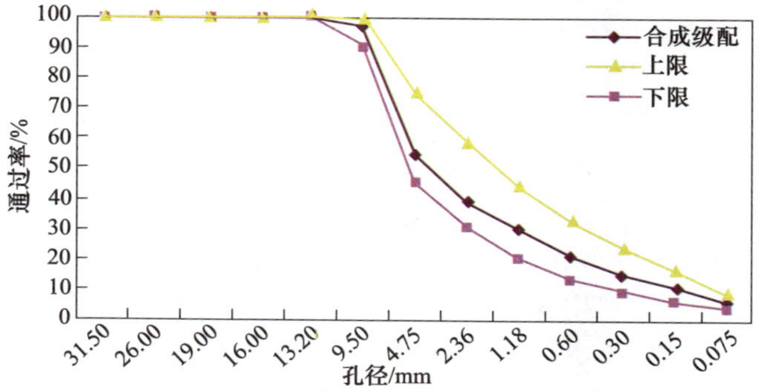

图 10.20　AC-10 合成级配

Fig. 10.20　Gradation curve of AC-10

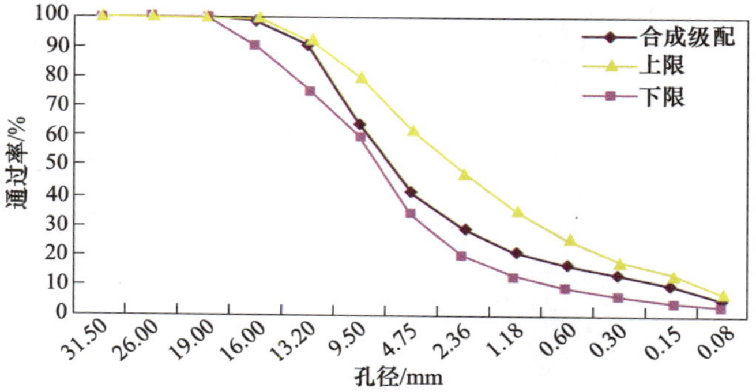

图 10.21　AC-16 合成级配

Fig. 10.21　Gradation curve of AC-16

10.6.3　参数标定

模拟过程可分为以下几个步骤：

（1）建立各结构层模型；

（2）各结构层模型的平衡；

（3）参数标定与指定参数运算；

（4）确定荷载与加载运算。

10.6.3.1　各结构层模型的建立与平衡

由于研究目标是对比两种方案中基层的力学表现，所以本研究所加荷载统一为 BZZ-100 标准静荷载，接地压强为 0.7MPa，双圆当量圆半径为 10.65cm。根据工程实际常用的典型路面结构，拟将模拟分析的路面结构由上至下分别设计为AC-10沥青混凝土上面层4cm、AC-16沥青混凝土下面层5cm、水泥稳定碎石基层30cm。取路基40cm深度范围参与计算分析。

利用PFC离散元软件编写各结构层程序，输入结构层参数。其中模型水平长度为一个车道宽度10.5m，总深度为0.79m，原点位于矩形的右下角，整个结构层模型共由35607个单元构成，结构层采用颗粒粒径为0.003~0.006m，测量圆尺寸为0.02m，生成各结构层模型如图10.22所示。

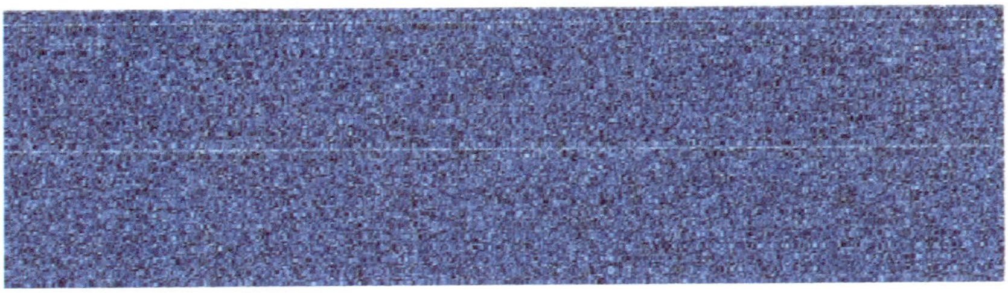

图10.22 各结构层模型

Fig. 10.22 Model of each structural layer

对生成的各结构层模型进行平衡，模型的平衡过程是为了使颗粒流达到伺服效果，让模拟与真实的物理过程相符。考虑小颗粒与大颗粒能接触受力，建模时采用粒径比为2∶1，降低运算难度。平衡后得到的离散元模型如图10.23所示。

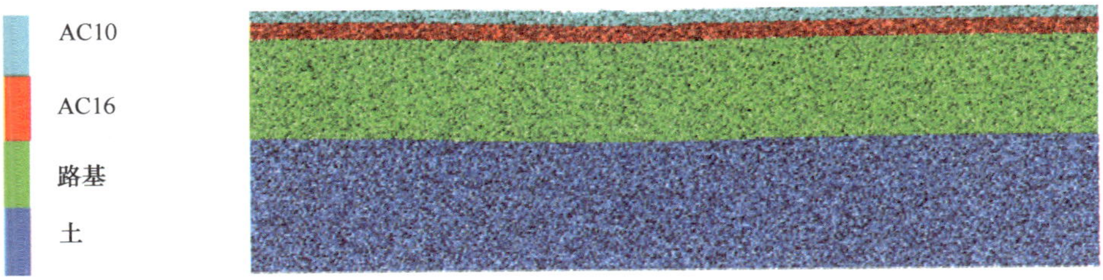

图10.23 平衡后各结构层离散元模型

Fig. 10.23 Pavement discrete element model

10.6.3.2 结构层的参数标定

对结构层材料进行物理力学试验，得到宏观参数及曲线，再在程序上输入微观变量，以试错法进行拟合，直到程序拟合结果与宏观曲线接近到同一数量级，即可作为最终参数进行模拟计算。颗粒流在宏观上的本构关系可分为：接触刚度模型、接触滑动模型、黏结模型三种，不同材料选择不同的接触模型。沥青混合料采用三轴压缩试验，水泥稳定碎石采用无侧限抗压试验获取宏观参数，由于沥青混合料、水泥稳定材料都具有抗拉属性，因此接触类型采用平行黏结模型。沥青混合料的参数标定如图 10. 24、图 10. 25 所示，水泥稳定碎石的参数标定如图 10. 26、图 10. 27 所示。

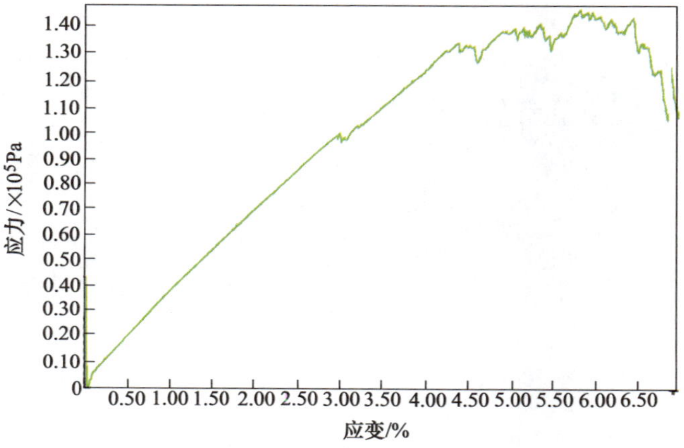

图 10. 24 AC-10 应力应变标定曲线

Fig. 10. 24 AC-10 stress-strain curve & the fitting of calibration parameters

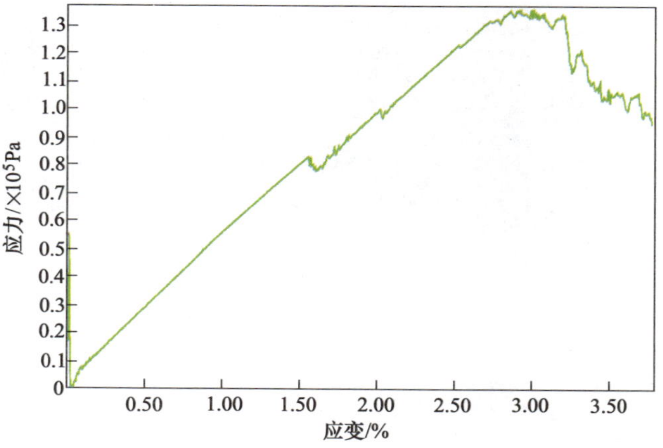

图 10. 25 AC-16 应力应变标定曲线

Fig. 10. 25 AC-16 stress-strain curve & the fitting of calibration parameters

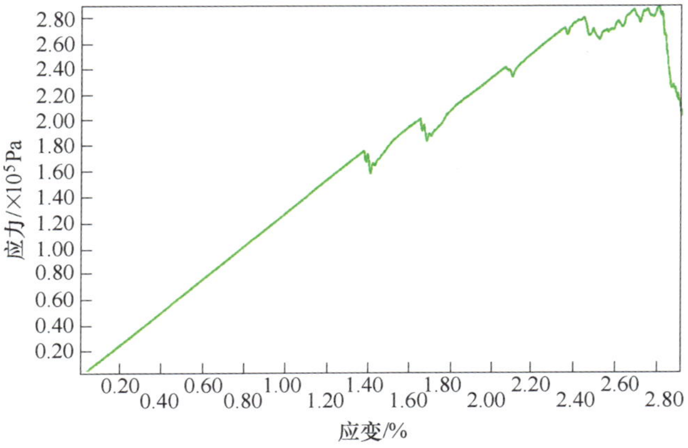

图 10.26 水泥稳定碎石应力应变标定曲线（不加硅灰）

Fig. 10.26 Cement stabilized gravel stress-strain curve & the fitting of calibration parameters (No silica fume)

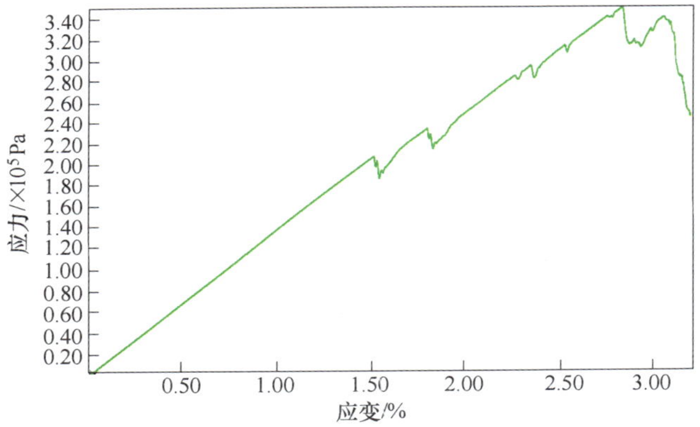

图 10.27 水泥稳定碎石应力应变标定曲线（掺加硅灰）

Fig. 10.27 Cement stabilized gravel stress-strain curve & the fitting of calibration parameters (silica fume)

10.6.4 静荷载加载

考虑实际荷载大小不一，而本研究仅拟通过整体结构加载，考察掺加硅灰与不参加硅灰水泥稳定基层的差异性，故以我国沥青路面结构设计标准轴载——单轴双轮组作为加载标准，以双圆荷载模拟轮胎对路面的作用，荷载模型以连接在一起的五个圆代表一个车轮，每个结构层底部设置监测圆 7 个，分别测量各路面结构层 7 个位置处的受力变化。加载模型如图 10.28 所示，测量圆布设模型如图 10.29 所示。

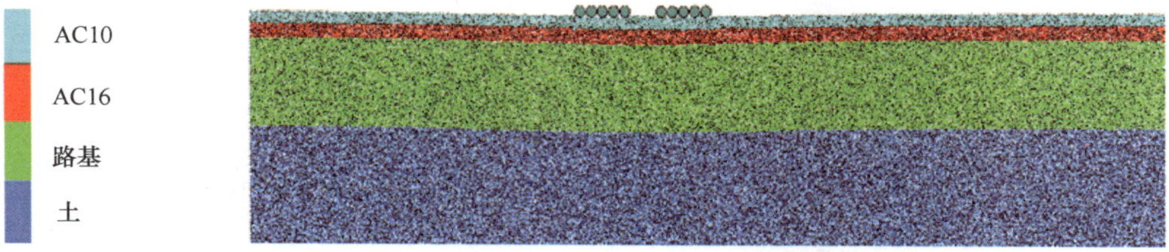

图 10. 28 标准荷载加载模型

Fig. 10. 28 Standard load loading model

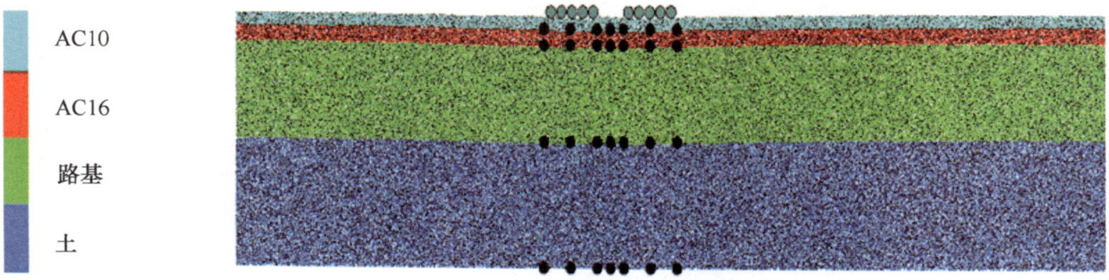

图 10. 29 测量圆布设模型

Fig. 10. 29 Measuring circle cayout model

10. 6. 5 各结构层力学响应

力链反映了颗粒间的力学状态，与颗粒的性能和特点直接相关，图 10. 30、图 10. 31 为方案一和方案二力链的初始分布状态图。蓝色力链表示受压状态，绿色力链表示受拉力链，力链较粗的为大颗粒间的相互接触，随机分布的疏散力链为小颗粒间的弱接触，图 10. 30、图 10. 31 所显示的力链分布基本相似，但方案二的力链颜色要比方案一深一些，特别是基层部分，说明掺加硅灰的水泥稳定基层颗粒间的接触要紧密一些。

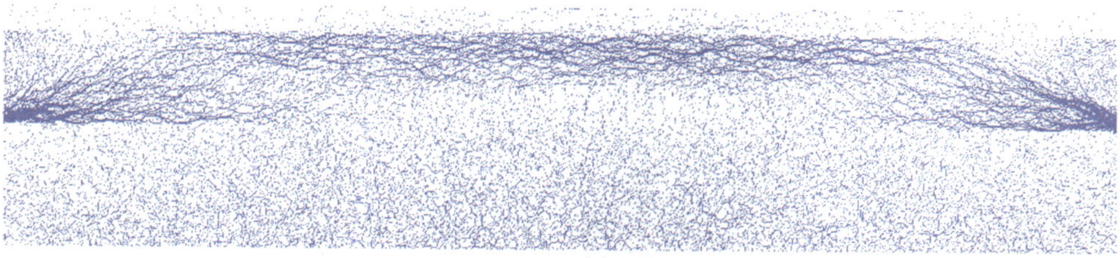

图 10. 30 方案一力链初始分布状态

Fig. 10. 30 Initial distribution state of force chain in scheme Ⅰ

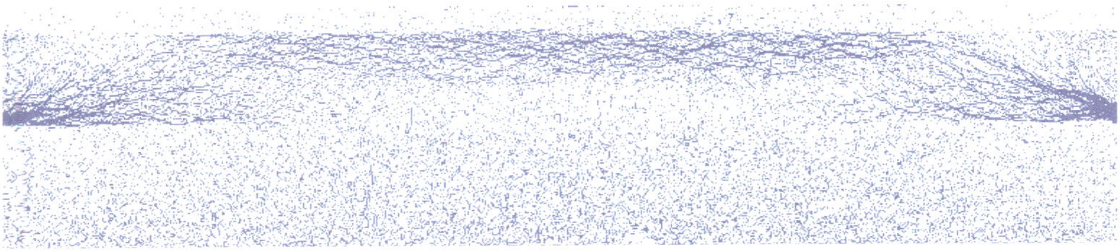

图 10.31　方案二力链初始分布状态

Fig. 10.31　Initial distribution state of force chain in scheme Ⅱ

对方案一、方案二初始模型分别施加标准静荷载后，力链分布如图 10.32、图 10.33 所示。从图中可以看出，施加荷载后，荷载作用范围内颗粒重新分布，荷载沿一定方向传递使颗粒形成带状力链，加载后，方案一与方案二的整体表现为：轮胎正下方多为受压力链，力链延伸方向与荷载传递方向一致，轮胎外侧的力链分布，横向力链多为受压力链，竖向力链多为受拉力链；当颗粒过于挤密时，颗粒有逃逸趋势，力链表现为受拉状态，但应力较小故力链较细；轮胎下强力链交织处有两种受力状态：上部竖向受拉，横向受压，下部竖向受压，横向受拉，产生层底拉应力，这与宏观轮隙处受力状态相吻合。但方案一在基层处的力链颜色较淡，强度比方案二要弱一些，尽管差异不十分明显，但总体表现与初始力链有相同特点。

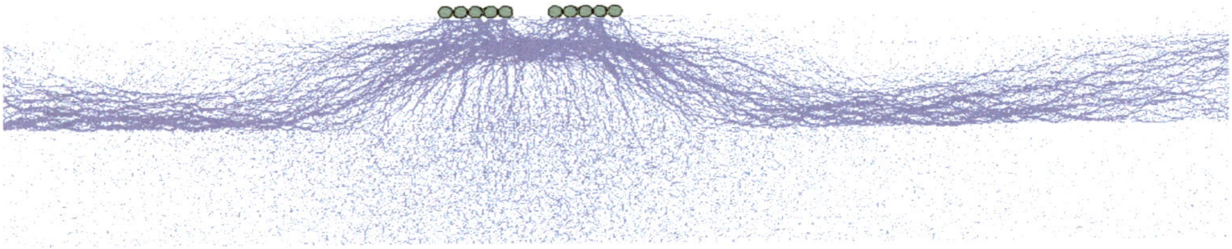

图 10.32　方案一标准荷载下力链

Fig. 10.32　Force chain under standard load in scheme Ⅰ

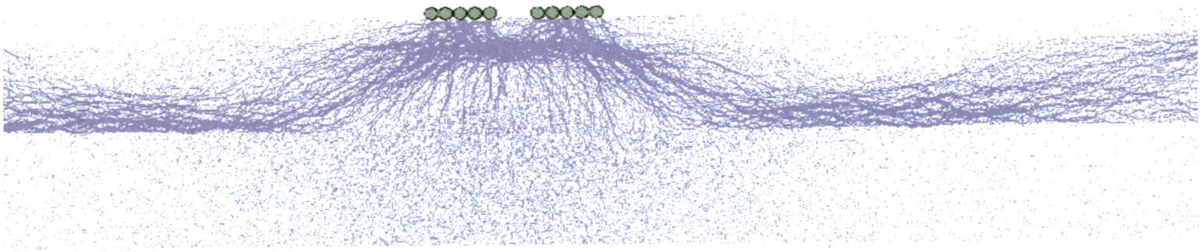

图 10.33　方案二标准荷载下力链

Fig. 10.33　Force chain under standard load of scheme Ⅱ

10.6.6　应力时程分析

对轮隙中心处各层应力进行时程分析，观测轮隙中间的测量圆所得应力随时间变化情况。图 10.34、图 10.35 为方案一和方案二的剪应力时程图。方案一的剪应力比方案二要小，而且剪应力的大小不连续，说明方案一的结构层抗剪强度波动虚弱，而方案一和方案二结构层仅水泥稳定基层有差异，也就是不掺硅灰的水泥稳定基层在颗粒接触上较弱，在整体成型材料上表现为不密实，有不能抵抗剪应力的间隙存在，不同时刻的应力表现出不连续，有逐渐密实接触的特征。

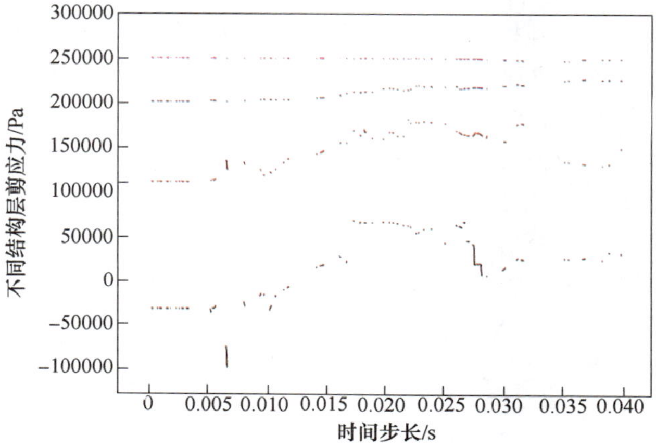

图 10.34　方案一剪应力的时间历程图

Fig. 10.34　Time history diagram of shear stress of scheme Ⅰ

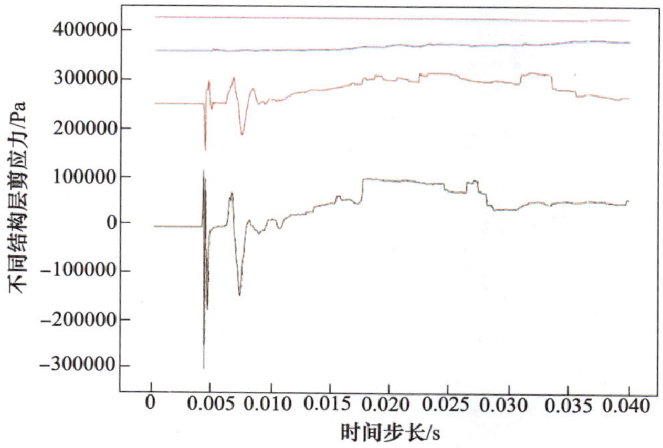

图 10.35　方案二剪应力的时间历程图

Fig. 10.35　The time history diagram of shear stress of scheme Ⅱ

10.6.7 结构层变形响应分析

10.6.7.1 位移分析

图 10.36、图 10.37 为方案一、方案二加载后的位移场。在标准轴载作用下，轮胎下的位移和变形较为强烈和集中，位移场总体表现比较相似，但也略有差异，方案二的位移场总体略小于方案一，说明掺加硅灰的水泥稳定基层变形量略小一些，刚度更大一些。

图 10.36 方案一位移场

Fig. 10.36 Displacement field of scheme Ⅰ

图 10.37 方案二位移场

Fig. 10.37 Displacement field of scheme Ⅱ

10.6.7.2 接触力分析

图 10.38、图 10.39 为结构层在荷载作用下颗粒间的接触力。方案一、方案二的接触力差异明显，上面层和下面层接触力在两个方案中表现都比较弱，对于基层的接触力，方案二的接触力比较明显，且向周围分散传播，方案一表现零散且较弱，说明掺加硅灰的水泥稳定基层颗粒间比较致密，接触力容易在颗粒间传播，并且力链较强，说明颗粒间结合强度较高。

图 10.38　方案一接触力

Fig. 10.38　Contact force of scheme Ⅰ

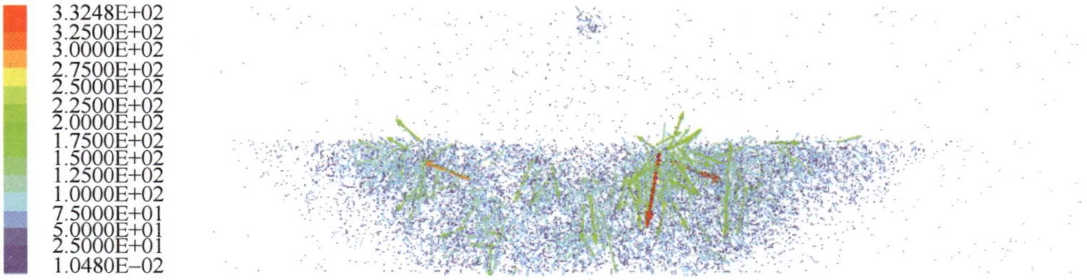

图 10.39　方案二接触力

Fig. 10.39　Contact force of scheme Ⅱ

10.7　DSP 填充密实骨架水泥稳定材料的综合评价

依据对 DSP 填充密实骨架水泥稳定材料宏观强度试验、干缩温缩试验、微观形貌观察、细观模拟计算，可以看到架构理论下该结构材料的优越性。

在力学强度与抗疲劳耐久性方面，DSP 填充密实骨架水泥稳定材料比不掺硅灰的水泥稳定材料无侧限抗压强度提高 17.6%，也就意味着极限应力也相应得到提高（见第 12 章抗压强度与劈裂强度的关系），无机结合料稳定材料的疲劳特性双对数方程如式（10.15）所示。

$$\lg N_f = a + b\lg(\sigma_f/\sigma_s) \tag{10.15}$$

式中，a、b 为回归系数；N_f 为重复荷载作用次数；σ_f 为重复应力；σ_s 为极限应力。

根据试验数据和疲劳方程可知，极限应力越高，外加应力水平越低，疲劳寿命越长，由于 DSP 填充密实骨架水泥稳定材料的极限应力比不掺硅灰的水泥稳定材料可相应提高 17.6%，因此其疲劳寿命也得到了相应的提高。

在干缩温缩方面，DSP 填充密实骨架水泥稳定材料微观孔隙被硅灰粒子填充，并形成胶凝材料，成型体更加致密，很大程度上减少和阻碍了温缩的发生；

同等条件下，DSP 填充密实骨架水泥稳定材料最佳含水量比等剂量水泥要少，成型后失水率要小，从而减少和阻碍了温缩的发生。

在微观层面，掺加硅灰的水泥稳定材料在形成凝胶体的过程中，硅灰粒子参与了水化反应，形成细小颗粒填充在孔隙中，改变了大颗粒的界面状态，使水泥稳定材料孔隙减少，变得更加致密，宏观上表现为强度、刚度的增加，从而得到以上细观模拟结果。

在细观层面，通过对掺加硅灰的水泥稳定基层路面结构和不掺加硅灰的水泥稳定基层路面结构进行模拟计算，综合考察力链、剪应力时程、位移场、接触力，可以看出，由于两种方案仅基层因掺加硅灰和不掺加硅灰的差异，所以模拟结果比较接近。但对比参数标定曲线可知，掺加硅灰的水泥稳定材料比不掺加硅灰的水泥稳定材料强度要高一些，反映到细观模拟结果上就是方案二的力链颜色深一些，即强力链比较明显，进而使各层剪应力增加，在基层与土基的接触面，接触力反映较明显，半刚性基层在柔性土基上表现出了拉应力（绿色部分），位移场差别不大。

在经济方面，按水泥剂量为 5%、外掺 10%的硅灰计算，每吨水泥稳定材料需要掺加 4.463kg 硅灰，根据调查，目前硅灰市场价格 1000~2000 元/吨，则每吨掺加硅灰的水泥稳定材料的成本会比不掺加硅灰的水泥稳定材料成本增加 4.463~8.926 元，即成本比原来增加 5%~10%。在相同强度标准要求下，由于外掺硅灰的水泥稳定材料无侧限强度比不掺硅灰要高，因此水泥剂量可相应的减少，成本也会进一步减小，一般水泥稳定材料在不同时期的价格波动幅度都大于掺加硅灰的成本增加量，可见掺加硅灰的方案是可以接受的。按全寿命周期考察掺加硅灰的水泥稳定材料，由于相同条件下其力学性能有较大提高，可延长水泥稳定材料的使用寿命，从而提高经济效益和社会效益，因此掺加硅灰的超细粉填充模型是可行的。

11　力学试验用自动化设备的研制

11.1　研制背景

目前对于水泥稳定材料的力学性能测试，在各种试件成型、指标测试等方面自动化程度还比较落后，精度、稳定性还有待提高。为更好地完成本研究的水泥稳定材料性能预测试验，研制一台自动化程度高、性能稳定的多功能试验设备非常必要。科学研究与试验检测过程中，即使理论完备、规范严谨，没有先进的技术手段也很难取得更加精确稳定的数据和结果，特别是在试验对比验证方面，应尽量避免人为因素的干扰，提高试验的稳定性和工作效率，这一点对于科研及工作人员来说是迫切要求，但又无可奈何。目前衡量水泥稳定材料配合比设计优劣的主要指标是其无侧限抗压强度，该力学指标的准确性直接影响研究成果和工程质量，为此本研究投入了巨大精力，完成了无侧限抗压强度试验多功能自动化一体机的研制，为后面的 DSP 填充的密实骨架模型力学性能试验及预测提供了技术保障，同时该设备还能完成干温缩等试验试件的制备，真正实现了一机多能的目的。

无侧限抗压强度试验是《公路工程无机结合料稳定材料试验规程》（JTG E51—2009）中强制性试验，包括无机结合料稳定材料试件制作方法（T0843）和无机结合料稳定材料无侧限抗压强度试验方法（T0805），通过对目前国内公路工程现场试验检测的调查以及试验检测设备市场调查，要完成无侧限抗压强度试验，制件、脱模、测强度所用的设备有反力架、千斤顶、脱模架（或电动脱模器）、压力机，共计四种设备，如图 11.1（a）、（b）及图 11.2（a）、（b）所示。整个操作均由人工来实现，人为因素较多，试验数据容易产生变异，而且劳动强度较大，工作效率较低。现代公路工程建设工程量大，周期短，施工质量及安全要求高，而大部分实验室的无机结合料无侧限抗压强度试验都处在人工手动的试验检测工作状态，难以满足工程要求。

针对现有的科研和生产现状，有科研工作者试图用小试件取代大试件以减轻劳动强度，但仍然是人工操作。哈尔滨实验仪器厂利用双控原理发明制造了制件脱模一体机（见图 11.3），很大程度改善了试验条件，但自动化程度还有待提高。

(a) (b)

图 11.1 反力架和千斤顶（a）及千斤顶与脱模架（b）

Fig. 11.1 Counterforce rack and lifting jack（a） and Lifting Jack and demoulding frame（b）

(a) (b)

图 11.2 压力机（a）及电动脱模器（b）

Fig. 11.2 Press machine（a） and Electric demoulder（b）

图 11.3 液压式无侧限抗压强度试件制件脱模机

Fig. 11.3 The forming and demoulding machine of hydraulic unconfined compressive strength sample

长安大学沙爱民教授和胡力群博士根据振动压实原理，开发出了振动法成型设备，但由于与现有试验设备得出的数据出入较大，尚未推广下来，目前静力压实成型法仍是主要试验检测方法。

本研究在研究无机结合料稳定材料力学性能过程当中，也需要做大量无侧限抗压强度试验。为使试验数据更加准确，减少数据离散性，提高试验效率，开发研制集制件、脱模、测强于一体的无侧限抗压强度试验机，也为生产实践提供优质高效的试验检测方法和手段。

11.2　设计模块

11.2.1　设计原则与组成

针对现有实验设备的弊端，以及科研和生产的实际需要，试验机整体设计原则为：

（1）保证精度；

（2）省时省力；

（3）装拆方便；

（4）控制重量；

（5）易于移动和搬运。

根据工程实践，为满足制件、脱模、测强的目标功能要求，一体化设备的结构设计分成五个部分，如图 11.4 所示。即：

（1）框架系统。承载整个设备的框架和安装其他部件的平台设计。

（2）反力架系统。制件与测强时的压力承载机构设计。

（3）动力系统。制件、脱模、测强用的马达、千斤顶及限位器件设计。

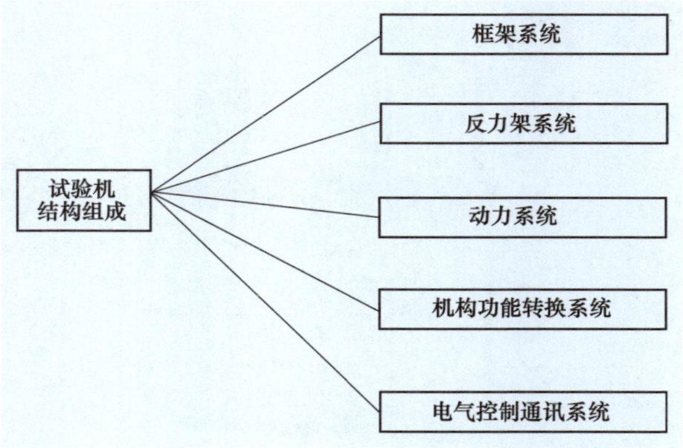

图 11.4　试验机系统组成

Fig. 11.4　The system of test machine

（4）机构功能转换系统。制件、脱模、测强功能转换的各部分构件设计。

（5）电气控制及微机通讯系统。电器控制、参数显示器件设计及微机通讯接口程序设计。

11.2.2　框架系统设计

为使整机有一个承托、容放结构部件的空间和平台，根据千斤顶的本身高度、工作高度及其电动马达的体积、试验时所需的操作空间，机体框架设计为由槽钢焊接的长方体框架，框架尺寸为 1000mm×500mm×500mm，槽钢规格（5 号，50mm×37mm×11.5mm），框架底面和四个侧面装有可拆卸的围板，用于包装内部设备和部件。为减轻重量，围板为刚度适中的 1mm 厚的薄钢板，由螺母固定在槽钢框架上。为使设备方便移动，在框架底部四个角点处各安装一个自由转向车轮，车轮直径为 100mm，其中前部两个轮子配有制动开关。设计图如图 11.5 所示。

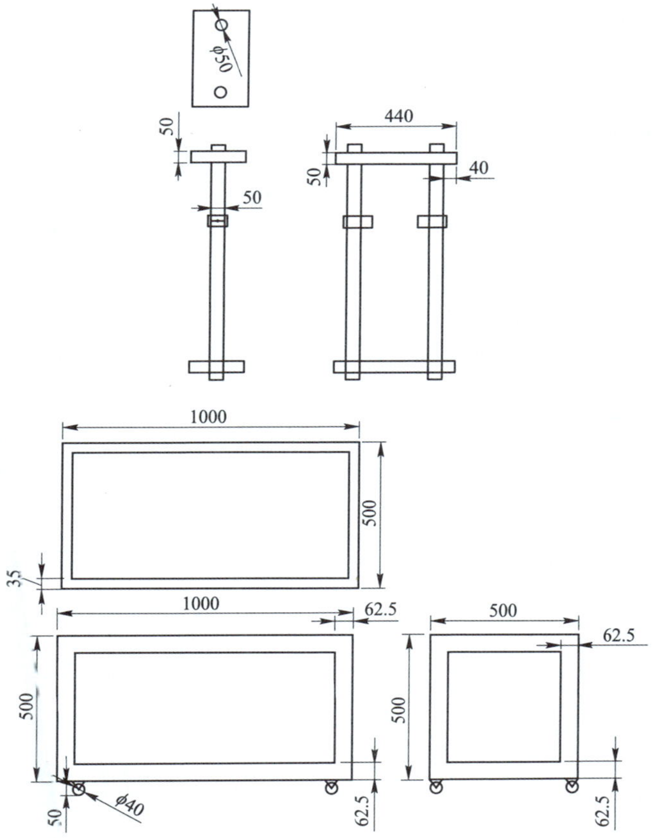

图 11.5　框架系统设计图

Fig. 11.5　Frame system design

11.2.3　反力架系统设计

由于无侧限抗压强度试验的反力架需要承受28~56MPa压力，为减轻重量，经承力板厚度计算程序计算，采用双柱式反力架结构。其中立柱为上下承板的支撑，是两根ϕ50mm、长1600mm的铸铁圆柱；上承板为400mm×240mm×60mm的长方体高强承压钢板，上有套入立柱的两个圆孔，孔径为ϕ50mm，与两根立柱相连。下承板与上承板相对应，也为400mm×240mm×60mm的长方体高强承压钢板，上有套入立柱的两个圆孔，孔径为ϕ50mm；固定在槽钢框架底槽内，其上表面安有千斤顶限位凸起，使千斤顶准确就位。为防止底板中部受力集中而发生挠曲变形，在底板下表面设计安装了四个弹簧收放式槽钢底脚，确保其有足够刚度。使用设备时，将底脚放下，支撑在平整坚硬的地面上，辅助底板受力；不使用设备时，将底脚收起，整个反力架固定在框架上，可随框架一起移动。为方便脱模，在两根立柱上各装有一个可上下滑动的卡件，使用时由顶丝固定，不用时可自由滑动。在圆形试模的下部，加设了一个环形箍筋，正好可被卡件卡住，从而完成脱模。

11.2.4　动力系统设计

设备动力系统主要是电动千斤顶系统，包括一台三相交流电机，额定电流7A，功率1500W；一台液压千斤顶，工作额定载荷（油缸推力）为1000kN，最大工作压力63MPa，最大行程300mm。千斤顶的油箱与液压油缸相分离，两者由进油管和出油管相连，油箱位于电机底部，两者固定为一体。油箱顶部安装压力传感器，压力信号通过导线传到电气控制箱，原理如图11.6所示。

11.2.5　机构功能转换系统设计

机构功能转换系统是本设备的核心部分。无侧限抗压强度试验的标准试件为150mm×150mm的圆柱形试件，质量较大，为方便制作试件，设计采用轨道滑车结构，即在框架上部安装两根轨道，轨道上安放平板滑车，将平板滑车面板作为制件、脱模、测强的平台。平板滑车为平板焊接两轴四轮结构，用来承托试模和试件，板面为200mm×200mm×5mm高强钢板，上有试模限位凸起，使试模可以准确就位。中部铣空，直径与圆形试件直径相同，铣空部分由直径与圆形试件直径相同的四周带槽的圆盘充补，圆盘槽在平板下部，由两块可沿平板底部滑动的环形卡板卡持，环形卡板安装有开合手柄，其两端有焊接在平板滑车上的滑道。制件或者测强时，圆盘随小车一起上升，由底部千斤顶顶起试件；脱模时，滑动卡板使小车与圆盘分离，只有圆盘与试件一起上升，这样就实现了不同功能的转换。平板滑车设计图如图11.7所示。

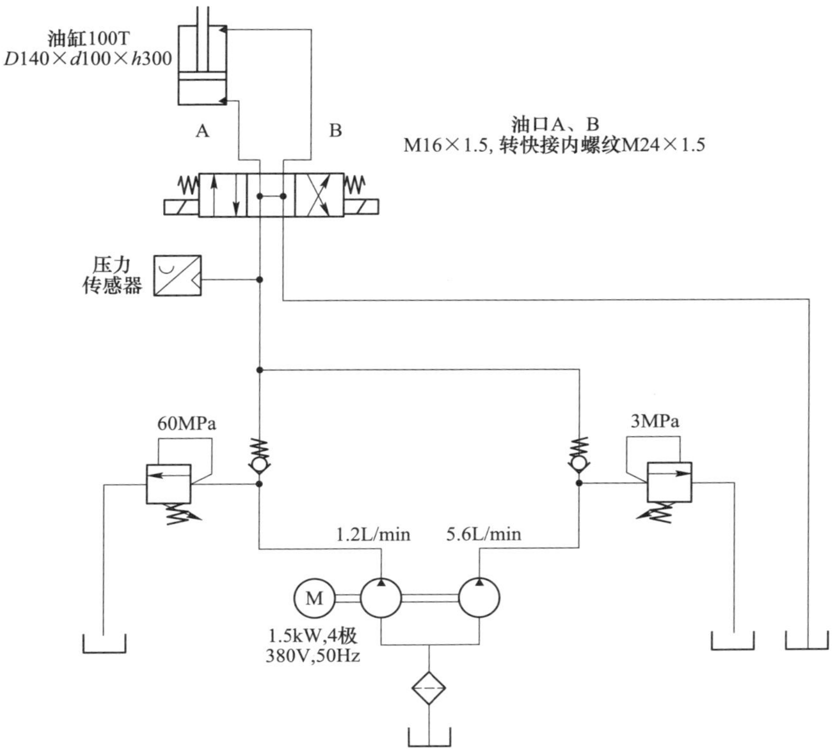

图 11.6　动力系统设计原理

Fig. 11.6　Principles of power system design

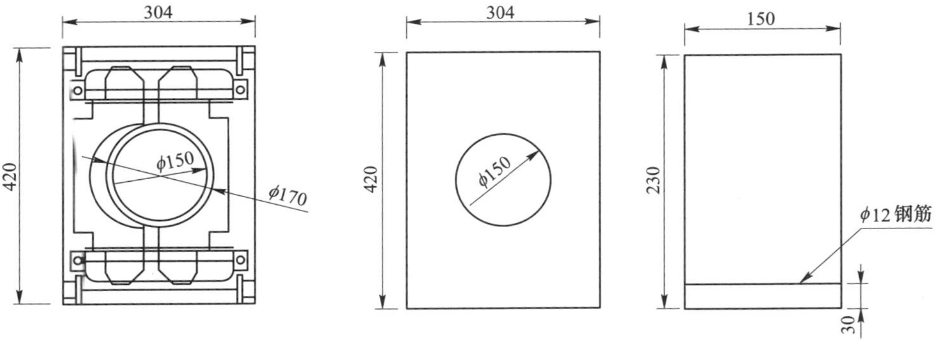

图 11.7　平板滑车设计图与示意图

Fig. 11.7　Design and schematic diagram of flat block pulley

11.2.6 电器控制及微机通讯系统设计

为操作方便，将电气控制系统集成在一个控制箱内，控制箱上安装电源控制开关和红绿灯显示器，以及压力显示器。电气接线图如图 11.8 所示。图中电机用于带动电动液压泵；KM1 为交流接触器；K1 为中间继电器；K2 为控制仪表的常闭输出点。当仪表测得的压强大于设定的上限时，K2 会断开，从而使得中间继电器线圈断电，继而交流接触器线圈断电，电机停止运转。

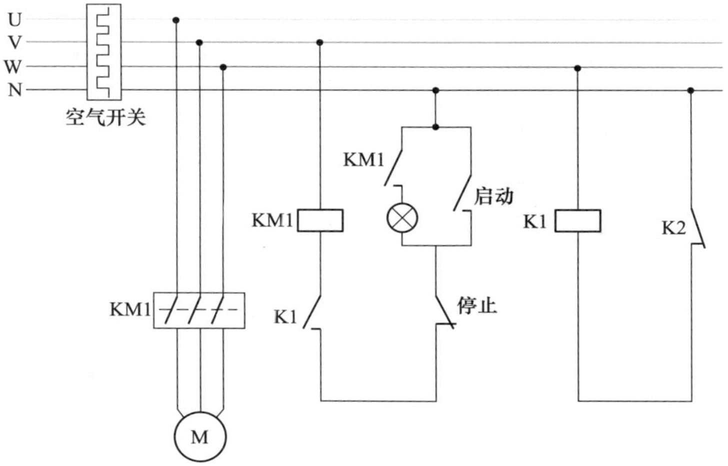

图 11.8 电气接线图
Fig. 11.8 Connection diagram

计算机及仪表、传感器回路如图 11.9 所示，压力传感器负责采集千斤顶的压强信号，仪表通过 RS485 总线将测得的结果上传到 PC 端，由 PC 端软件绘制压力曲线，显示压力值及其变化规律，并可形成文件打印输出。

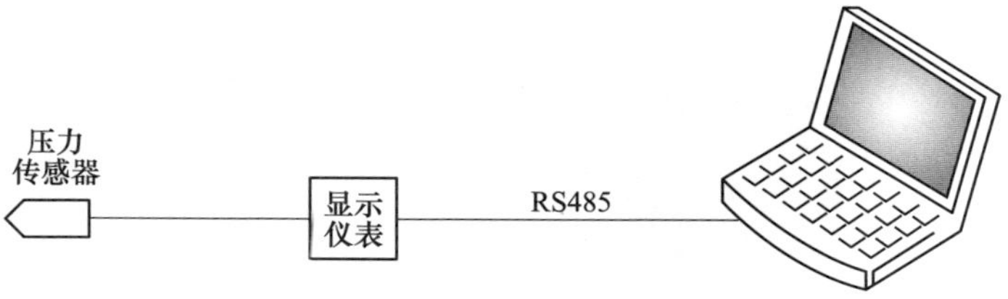

图 11.9 计算机及仪表、传感器回路
Fig. 11.9 Computer, instrument and sensor loop

11.3 零部件及安装

无侧限抗压强度制件、脱模和测强一体化试验机包括：固定螺母 1、上承板 2、立柱 3、卡件 4、顶丝 5、框架 6、下承板 7、电动机 8、千斤顶 9、轨道 10、数据线 11、压力传感器 12、液压管 13、试模 14、环形箍筋 15、调节螺杆 16、车面板固定卡扣 17、有环槽圆板 18、滑动小车面板 19、车轮 20、车轴 21、卡板 22、卡板滑道 23。

（1）固定螺母：位于上下承板外侧，内径为 50mm 的六边形螺帽，用于固定上、下承板的位置；

（2）上承板：为 400mm×240mm×60mm 的长方体高强承压钢板，上有套入立柱的两个圆孔，孔径为 ϕ50mm，与两根立柱相连；

（3）立柱：为上下承板的支撑，是两根 ϕ50mm、长 1600mm 的铸铁圆柱；

（4）卡件：是脱模时用来卡住试模的构件，卡件套在两根立柱上，使用时由顶丝固定，不用时可沿立柱自由滑动；

（5）顶丝：是使卡件固定的螺栓，位于卡件外侧，可通过螺栓松紧控制卡件在立柱上的上下位置；

（6）框架：是设备的总体构架，由槽钢焊接的长方体框架，框架尺寸为 1000mm×500mm×500mm，槽钢规格（5 号，50mm×37mm×11.5mm），用于包装内部设备和安放小车轨道；

（7）下承板：与上承板相对应，也为 400mm×240mm×60mm 的长方体高强承压钢板，上有套入立柱的两个圆孔，孔径为 ϕ50mm，搭接于槽钢框架底槽内，其上表面安有千斤顶限位凸起，使千斤顶准确就位；

（8）电动机：为三相交流电机，额定电流 7A，功率 1500W，电动机置于槽钢框架的下框底面钢板上；

（9）千斤顶：为电动千斤顶（工作能力 100T，最大工作压力 63MPa，最大行程 300mm），放在下承板上，由限位凸起固定位置；

（10）轨道：是两根方形截面钢条轨道（95mm×20mm×20mm），由螺栓固定于槽钢框架的上框中部，轨道净距 190mm；

（11）数据线：与压力传感器和数据采集卡相连，用于压力实时监测系统的数据传输；

（12）压力传感器：是测量油缸压力的传感器，测压端与油缸上的三通相连；

（13）液压管：连接油缸与千斤顶的管道；

（14）试模：是制作试件的模具，为高 23mm、内直径为 150mm 的铸铁管筒；

（15）环形箍筋：环绕试模外侧的环状钢筋，工作时，卡件刚好卡主箍筋，从而固定试模；

（16）调节螺杆：是一个长螺栓连接环形箍筋两端，调节箍筋松紧；

（17）车面板固定卡扣：位于滑动小车面板中间部分，三个凸起卡扣用于试模定位；

（18）有环槽圆板：平板滑车板面中部铣空，直径与圆形试件直径相同（ϕ150mm），铣空部分由直径与圆形试件直径相同的四周带槽的圆盘充补；

（19）滑动小车面板：用来承托试模和试件，板面为 200mm×200mm×5mm 高强钢板，板面中部铣空，直径与圆形试件直径相同（ϕ150mm）；

（20）车轮：为平板滑车的四个钢轮，使平板滑车在轨道上自由移动；

（21）车轴：平板滑车前后的两根钢轴，与车轮相连；

（22）卡板：由两块可沿滑动小车面板底部滑动的环形卡板，环形卡板安装有开合手柄，其两端有焊接在平板滑车上的滑道；

（23）卡板滑道：用于限定卡板位置移动方向的卡条，且用螺栓固定在滑动小车面板上。

将上述五个系统安装后，设备整体示意图和功能转换示意图如图 11. 10、图 11. 11 所示。

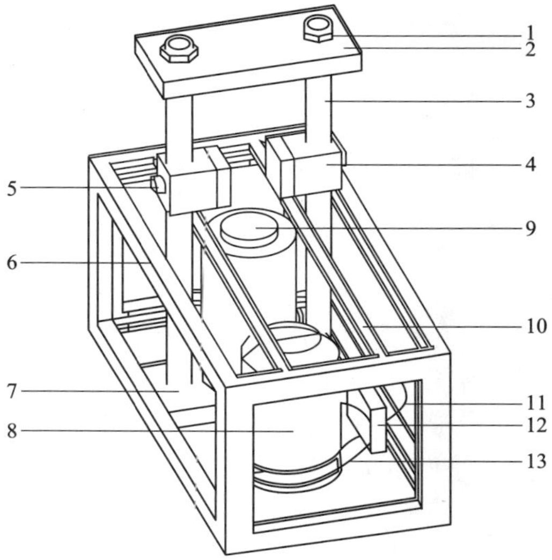

图 11. 10　设备整体示意图

Fig. 11. 10　Overall schematic diagram of equipment

以上为第一代一体化试验机的原理和构成，经过了小试、中试和量产，本研究已经生产出了三代试验机，实物图如图 11. 12 所示。

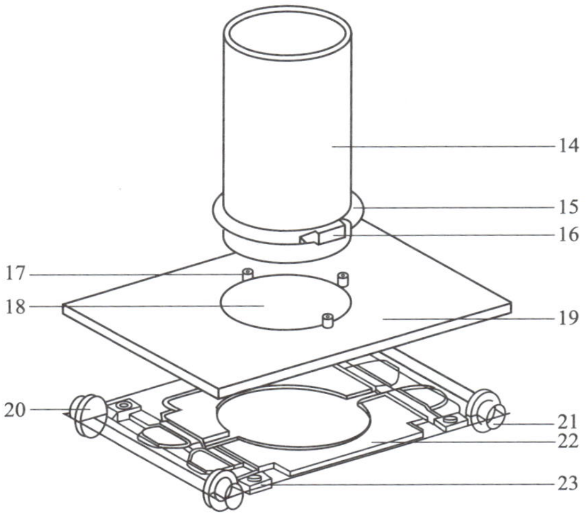

图 11.11 机构功能转换系统示意图

Fig. 11.11 Schematic diagram of mechanism function conversion system

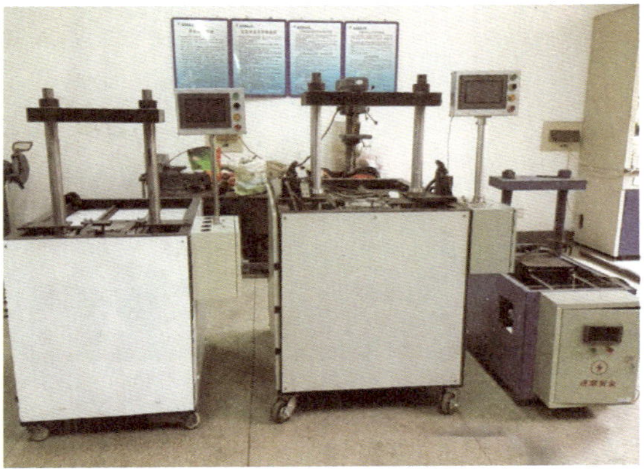

图 11.12 三代试验机实物图

Fig. 11.12 Physical drawing of three generations testing machine

11.4 功效测试

本研究所研制的多功能一体化试验机，其动力系统——液压泵站及千斤顶均为泰州杰克液压机械制造有限公司生产，压力精度出厂前已经过计量合格检验。为了验证试验设备整体的实用性、准确性和工作效率，课题组安排设置了两组试验，一组为 2 人人工使用千斤顶老设备，一组为 1 人操作新设备，分别制作 6 个试件，考察各自的工作效率和实验数据的可靠性。操作过程对比如图 11.13、图 11.14 所示，对比数据见表 11.1～表 11.3。从对比数据中可以看到，该设备可应用于实际工程，精度和准确性达到行业要求的标准。

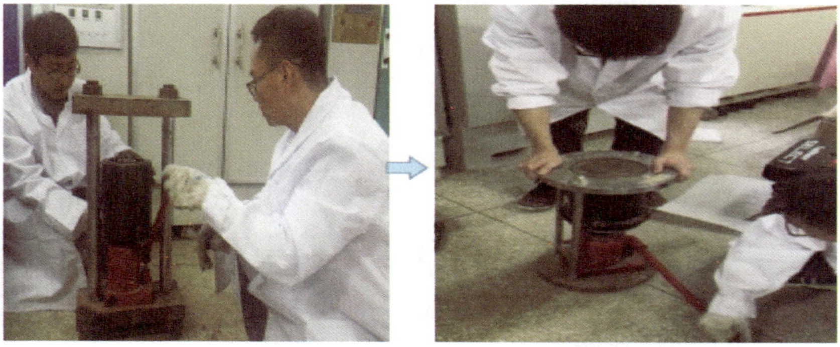

图 11.13　人工制件脱模

Fig. 11.13　Demoulding of artificial parts

图 11.14　机械化制件脱模

Fig. 11.14　Demoulding for mechanized parts

表 11.1　手工制件脱模所用时间

Table 11.1　Time spent on manual parts stripping　(s)

编号	工序					工序总时间	试验总时间
	装料(包括插捣)	放置千斤顶	千斤顶压实	静置	脱模		
1-1	111	110	247	120	103	691	800
1-2	85	155	146	120	100	606	627
1-3	120	136	928	120	97	1401	1440
1-4	92	122	433	120	106	873	895
1-5	100	107	223	120	105	655	705
1-6	90	105	120	120	127	562	628

表 11.2 设备制件脱模所用时间

Table 11.2 Time spent on demoulding of equipment parts (s)

编号	工　序					工序总时间	试验总时间
	装料（包括插捣）	上升	压实	下降	脱模		
2-1	67	25	19	39	22	172	288
2-2	60	15	22	19	23	139	292
2-3	77	17	24	20	20	158	310
2-4	90	18	21	16	20	165	349
2-5	65	20	23	18	21	127	280
2-6	56	17	22	17	20	132	297

表 11.3 实验数据的波动性对比

Table 11.3 Volatility comparison of experimental data (MPa)

名称	1 号	2 号	3 号	4 号	5 号	6 号	偏差均值
自动试件强度	5. 63	5. 42	5. 22	5. 63	5. 63	5. 77	0. 07
手动试件强度	5. 91	5. 81	5. 86	5. 78	6. 01	6. 07	0. 08

12　基于架构理论的水泥稳定材料力学性能预测

12.1　水泥稳定材料性能的影响因素

与研究其他材料、结构的性能一样，对路面结构与材料的性能进行预测的研究有很多，其方法可分为统计分析回归法、数值模拟与实验相互印证法。预测的内容与指标包括路基路面的强度预测、胀缩及裂缝预测、疲劳预测等，使用的理论与算法包括增量分析法、Monte Carlo 法、基因表达式算法、灰色理论、分形理论与方法、断裂力学、耗散理论、神经网络、蚁群算法等。在实际路面施工中，水泥稳定材料生产施工经常会遇到几种需要认清和解决的问题与困惑：

（1）实验室配合比在拌和生产中会有误差，包括级配、最佳含水量、水泥剂量，这些误差究竟对后期强度有多大影响；

（2）施工后 7 天才能通过每天的抽样试验检测获得已铺设的水泥稳定材料强度是否满足施工规范要求；

（3）各种影响因素与水泥稳定材料强度的相关性如何。

本章将对以上问题进行分析和探讨。

水泥稳定材料是多种材料复合而成的弱混凝土，其性能会受到内部因素和外部因素的相互影响，对其性能进行预测并不容易，其中，外部因素包括：成型方式、温湿度、养生方法、龄期等；内部因素包括：集料的岩性、颗粒级配、形状、表面特征，水泥的种类、强度、剂量，水的性质，最佳含水率的大小。

对于水泥稳定材料的成型方式，目前国内通用的方法都是静压法，尽管与现场压路机碾压成型的符合性有一定差异，但毕竟比较统一规范，规律性较强。值得注意的是静压法试验操作必须保证每个试件的水泥稳定材料用量要准确一致，也就是最大干密度和最佳含水量一定要准确，从而计算的每个试件材料用量才能准确，因为一个试件所用混合料质量的多少，直接影响压实功的大小（不论试模内装填多少混合料都是将其静压成标准大小的圆柱形试件），对每个试件操作的一致性还包括所使用的压实机械，为此第 11 章所研发的制件、脱模、测强一体化试验机很好地解决了操作一致性问题。

对于温湿度、养生方法和龄期应严格按照规范执行才能真实反映材料的物理力学特性，才能使试验具有可比性。特别是 7 天内的养生，在工程实际中很有指寻意义，正常施工时，室内养生与实际工程中的养生环境差异不大。

对于集料的岩性，由于水泥稳定材料要求的抗压强度不高，因此碎石、砂粒、矿渣、废旧材料等只要满足规范中的压碎值要求，并无其他物化反应，都可作为水泥稳定的对象，而且一般水泥稳定材料的抗压破坏都不是集料被压碎破坏，这一因素可控性较好。

对于集料的颗粒级配、形状、表面特征，在同等强度标准下，这些因素将影响水泥剂量和最佳含水量，良好的级配达到相同的强度可以节省一定量的水泥剂量，形状和表面特征使最佳含水量有所增减；在同样水泥剂量下，这些因素将影响强度和最佳水量，因为颗粒级配对抗压强度有一定的支撑作用，毕竟水泥稳定材料的水泥用量相对较少。

对于水泥的种类、强度、剂量，通常水泥稳定材料使用32.5号、42.5号低热水泥，同样集料同样水泥剂量，42.5号水泥稳定材料的7天强度要高于32.5号水泥稳定材料，前者更容易缩裂。水泥剂量对某一种被稳定的集料来说，在一定范围内对强度起到决定性作用，增加水泥剂量可明显提高水泥稳定材料的强度。

对于水的性质、最佳含水量的大小，按照规范要求，水的pH值，硫酸根、氯离子含量满足要求即可，通常都是用生活用水或地下水；最佳含水量对水泥稳定材料的强度有一定影响，在标准击实试验中，最大干密度和最佳含水量应尽可能准确，用水量在一定范围内波动，对水泥稳定材料强度的影响较小，但超出一定范围，一方面水泥浆会流失或水泥不能完全水化，另一方面水泥稳定材料难以压实，空隙增加，强度明显下降。

性能预测必须假设一些因素不变，或忽略次要因素，然后观测欲预测的参量变化规律。经过研究发现，在架构理论下，水泥稳定材料的物理力学性能主要影响因素就是颗粒级配、水泥用量、单位用水量。可将架构理论的细浆比的偏离和分形理论的分形维数作为控制变量，探索其性能变化规律。因为细浆比的偏离这一参数反映了水泥用量、单位用水量、细集料用量；而分形维数则反映了颗粒级配，这为性能预测提供了可能，以上逻辑分析可用框图12.1表达。

12.2 DSP填充密实骨架水泥稳定材料的分形维数

水泥稳定材料是一种属于弱混凝土的复合材料，其组成形态在质量、体积、表面积等方面具有相似性，但又具有波动性、不确定性，具体材料采用具体试验进行具体分析固然具有靶向性和准确性，而如果采用某些指标来衡量其组成及其性能则更具指导性、应用性和经济性，采用分形理论和方法是很好的途径和手段。对工程材料进行分形研究，主要集中在材料的形状、质量、体积等方面与材料性能之间的关系，包括对破碎颗粒形状及力学性能的分析、材料

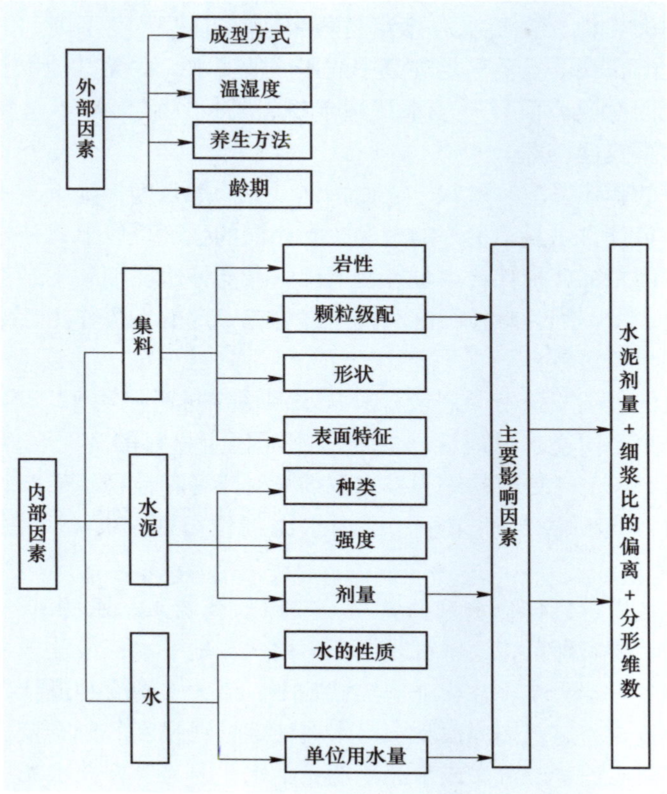

图 12.1　影响因素逻辑分析框图
Fig. 12.1　Logical analysis block diagram

科学中的分形几何及其应用、级配与分形、孔结构分形维数与宏观性能等。在架构理论下，利用质量分形，找到各种集料分形维数，将维数与水泥稳定材料的力学性能联系起来，建立力学性能与分形维数的函数关系，从而预测水泥稳定材料的各项性能。

分形学是非线性科学的新兴学科，其初创形式是分形几何学，是刻画混沌状态的直观几何语言，是更接近现实世界的数学，美国科学家曼德布罗特对分形几何学运用到自然科学、社会科学和工程技术领域起到决定性作用。分形几何学的基本公式为：

$$A(\delta) = A_0 \left(\delta/\delta_{\max}\right)^{E \cdot D} \tag{12.1}$$

其中各参数的表征见表 12.1。

表 12.1 参数表征

Table 12.1 Parameter characterization

E	0	1	2	3
A 和 δ	点数	长度	面积和长度	体积和长度
δ	码尺长度			
A_0	图形是整形时 A 的数值			
δ_{max}	最大码尺长度			
D	分形维数			

根据基本公式，东南大学的李国强等人推导了关于混凝土级配骨料几种层次的分形：一种是级配骨料粒径分布函数的分形，即级配骨料尺寸分布的分形表征；一种是骨料的质量分形；一种是级配骨料的体积分形；一种是级配骨料的表面积分形。其中质量分形即是骨料级配通过率的表征，如式（12.2）所示：

$$P(x) = \frac{x^{3-D} - x_{min}^{3-D}}{x_{max}^{3-D} - x_{min}^{3-D}} \tag{12.2}$$

式中，$P(x)$ 为骨料通过率；x 为筛孔尺寸；x_{max}、x_{min} 分别为最大粒径和最小粒径。对于颗粒材料的通过率有如下关系：

$$\begin{aligned} P(x_{max}) &= 1 \\ P(x_{min}) &= 0 \end{aligned} \tag{12.3}$$

所以式（12.2）简化为：

$$P(x) = \left(\frac{x}{x_{max}}\right)^{3-D} \tag{12.4}$$

对上式取对数得：

$$\lg P(x) = (3 - D)\lg x + \alpha \tag{12.5}$$

α 为待定常数，又称 Weibull 模量，即回归方程的常数项。

依据式（12.5）对表 3.2 ~表 3.6 的分形维数 D 进行计算，得到的分形维数和相关系数见表 12.2。

表 12.2 各型号 CBG 分形维数

Table 12.2 Fractal dimension of each model CBG

名称	回归方程	R^2	D	D_c
CBG-25	$y=0.5072x+1.2489$	0.9981	2.4928	2.4064
CBG-20	$y=0.5002x+1.3135$	0.9955	2.4998	2.5284
CBG-16	$y=0.6755x+1.149$	0.9955	2.3245	2.6416
CBG-13	$y=0.5195x+1.3246$	0.9876	2.4805	2.7447
CBG-10	$y=0.5286x+1.3319$	0.9782	2.4714	—

注：D 为整体分形维数；D_c 为粗集料分段分形维数。

由于 CBG 为粗骨料断级配类型，整体来看分形维数比较接近，但在粗集料分段分形维数中可以看到，D_c 值越大，表明不小于 4.75mm 的部分集料越细，否则越粗。以同样的 5%的水泥剂量分别制作 CBG-25、CBG-20、CBG-16、CBG-13、CBG-10 试件，试验参数及 7 天无侧限抗压强度见表 12.3。

表 12.3　同剂量无侧限抗压强度试验

Table 12.3　Unconfined compressive strength test at the same dose

名称	水泥剂量/%	最佳含水量/%	最大干密度/g · cm^{-3}	无侧限抗压强度均值/MPa
CBG-25	5	12.7	2.378	12.44
CBG-20	5	6	2.364	12.32
CBG-16	5	6.2	2.360	12.27
CBG-13	5	6.6	2.355	12.22
CBG-10	5	6.9	2.340	4.96

以 D_c 为横坐标，以无侧限抗压强度为纵坐标，得到图 12.2 的关系曲线。由图中可以看出，较粗集料架构作用比较明显，相同水泥剂量下，分形维数较小，即粗骨料较多的无机结合料稳定材料无侧限抗压强度较大，尽管极差仅为 0.48MPa，但反映了粗骨料的骨架架构作用。这为水泥稳定材料的选型提供了一定参考。

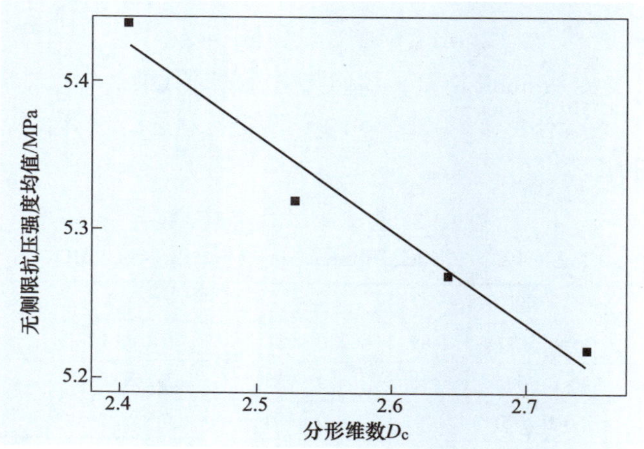

图 12.2　分形维数与无侧限抗压强度

Fig. 12.2　Fractal dimension and unconfined compressive strength

12.3 无侧限抗压强度与主要影响因素的灰色关联分析

通过对水泥稳定材料的性能影响因素分析，可以看到，除了外部因素，水泥剂量、细浆比的偏离、架浆比三种主要因素与水泥稳定材料强度的关联程度需要进一步探究。

灰色系统理论属于控制理论的一个组成部分，由华中科技大学邓聚龙教授创立，是控制理论与运筹学等相结合的产物，是一种研究少数据、贫信息不确定性多变量系统控制问题的分析方法。灰色系统理论以“部分信息已知，部分信息未知”的“小样本”“贫信息”不确定性系统为研究对象，主要通过对“部分”已知信息的生成、开发，提取有价值的信息，实现对系统运行行为、演化规律的正确描述和有效监控。它以灰色系统为研究对象，以灰色系统的白化、淡化、量化、模型化、最优化为核心，以对各种灰色系统发展的预测和控制为目的。其主要研究内容有：灰色系统的建模理论、灰色因素的关联分析理论、灰色预测理论和决策理论、灰色系统分析和控制理论、灰色系统的优化理论等。

关联度是系统之间随不同对象而变化的关联性大小的量度，可定量地描述事物或因素之间相互变化的情况。若两个因素变化的趋势具有一致性，即同步变化程度较高，说明二者关联程度较高；反之，则较低。对事物或因素之间的关联关系，虽可用回归、统计方法做出一定的响应，但需要数据多，数据的分布特征也要求比较明显。对于多因素非典型分布特征的现象，灰色关联度分析所需数据较少，适合做此类分析。

使用灰色理论和方法对材料特性与影响因素的关联分析，很多学者做了有益尝试，事实证明这是一种比较有效的研究途径，根据对水泥稳定材料内部因素和外部因素的分析，使用该方法对水泥剂量、细浆比的偏离、架浆比三种主要因素与水泥稳定材料强度之间的关联程度进行如下分析。

使用灰色关联度分析，总体过程就是从样本序列中确定一个参考数列，通过一系列数据处理，计算出其他各相关序列与参考序列的关联度系数，从而做出相关序列相对于参考序列关联度大小的比较和排序，基本步骤如下：

假设有 m 个被评价序列，每个被评价序列有 p 个评价数据。第 i 个被评价序列可表达为式（12.6）：

$$x_i = \{x_{i1}, x_{i2}, \cdots, x_{ip}\} \quad i = 1,2,\cdots,m \tag{12.6}$$

（1）参考序列的构成。依据被评价数据的意义，在 m 个被评价序列中选出各项数据的最优值组成参考序列 x_0，如式（12.7）所示。

$$x_0 = \{x_{01}, x_{02}, \cdots, x_{0p}\} \tag{12.7}$$

这样参考序列 x_0就成了一个相对理想化的最优样本，是综合评价的标准。若第 j 项数据是数值越大越好的正向数据，则 x_{0j}就是 n 个被评价序列第 j 项数据实际值的最大值；如果是逆向数据，则是最小值；如果是适度数据，便是该数据的适度值。

（2）数据无量纲化处理。该步骤是通过数学变换来消除原始变量不同量纲的影响。数据的量纲和数量级会影响被评价数据间的可比性，因此必须对各数据实际值进行无量纲化处理。采用直线型无量纲化如式（12.8）所示。

$$x_{ij} = \frac{x_{ij}}{x_{0j}} \quad i = 1,2,\cdots,m; \quad j = 1,2,\cdots,p \tag{12.8}$$

这样各序列的数据最优值均为 1。把无量纲化后的数据仍记为 x_{ij}，最优参考序列则为式（12.9）。

$$x_0 = \{1,1,\cdots,1\} \tag{12.9}$$

（3）最大差 $\Delta(\max)$ 和最小差 $\Delta(\min)$ 计算。计算各被评价序列与最优参考序列间的绝对差序列，计算公式如式（12.10）所示。

$$\Delta_{ij} = |x_{ij} - 1| \quad i = 1,2,\cdots,m; \quad j = 1,2,\cdots,p \tag{12.10}$$

（4）关联度系数计算。关联度系数计算公式如式（12.11）所示。

$$\zeta_{ij} = \frac{\Delta(\min) + \rho\Delta(\max)}{\Delta_{ij} + \rho\Delta(\max)} \tag{12.11}$$

（5）关联度计算。关联度计算公式，如式（12.12）所示。

$$\gamma_i = \frac{1}{p}\sum_{j=1}^{p}\zeta_i(j) \tag{12.12}$$

（6）排序与比较。使用灰色关联度分析方法可以通过改变分辨系数 ρ 的大小来提高综合评价结果的区分效度，而且计算方法相对简单，可使用样本所提供的全部信息。评价序列或多或少都具有灰色性，故这种方法的适用范围较广。

本研究以水泥稳定材料无侧限抗压强度、水泥剂量、细浆比的偏离、架浆比为评价序列，以第 10 章不同水泥剂量 7 天无侧限抗压强度试验数据为基础，按上述步骤进行分析。被评价序列的数据见表 12.4。

表 12.4　被评价序列与数据

Table 12.4　Evaluated sequence and data

序列名称	强度	细浆比的偏离	架浆比	水泥剂量/%
1	2.7500	3.3083	7.9625	3
2	4.3400	2.158	6.2370	4
3	12.3200	1.3812	12.0719	5
4	7.0300	0.9566	4.4349	6
5	7.1900	0.5883	3.8824	7

在表 12.4 中，以强度为参考序列 $x_0(t)$，以细浆比 $x_1(t)$、架浆比 $x_2(t)$ 和

水泥剂量 $x_3(t)$ 为比较数列，计算后面三个影响因素序列与参考序列强度的关联度。

（1）计算各序列数据均值及均值化。强度、水泥剂量、细浆比的偏离、架浆比的均值分别为：$x_0=12.326$；$x_1=1.6785$；$x_2=12.5177$；$x_3=0.05$，分别用以上均值去除各原序列的数据，得均值化序列，见表 12.5。

表 12.5　均值化序列表

Table 12.5　Mean sequence list

序列名称	强度	细浆比的偏离	架浆比	水泥剂量
1	1.9367	0.5074	0.6929	1.6666
2	1.2272	0.7778	0.8847	1.2500
3	1.0011	1.2152	1.0879	1.0000
4	0.7576	1.7546	1.2442	0.8333
5	0.7408	2.8531	1.4212	0.7143

（2）计算各比较序列同参考序列在同一水平上的绝对差。

$t=1$ 时：

$$\Delta_{01}(1) = |1.9367-0.5074| = 1.4293$$

$$\Delta_{02}(1) = |1.9367-0.6929| = 1.2438$$

$$\Delta_{03}(1) = |1.9367-1.6666| = 0.2701$$

同理，$t=2$，3，4，5 时，再分别计算其余 4 个水平各自的绝对差，计算结果见表 12.6。从表 12.6 中找出最大值和最小值为：$\Delta_{max}=2.1124$，$\Delta_{min}=0.0011$。

表 12.6　绝对差计算表

Table 12.6　Absolute error Table

系列名称	Δ_{01}（t）	Δ_{02}（t）	Δ_{03}（t）
1	1.4294	1.2438	0.2701
2	0.4494	0.3425	0.0228
3	0.2141	0.0868	0.0011
4	0.9970	0.4865	0.0757
5	2.1124	0.6805	0.0265

（3）计算关联系数。试取分辨系数 $\rho=0.2$，关联系数计算公式为：

$$\zeta_{0i}(t) = \frac{\Delta(\min) + 0.2\Delta(\max)}{\Delta_{0i}(t) + 0.2\Delta(\max)} \tag{12.13}$$

计算结果见表 12.7。

表 12.7　关联系数

Table 12.7　Correlation coefficient

系列名称	$\zeta_{01}(t)$	$\zeta_{02}(t)$	$\zeta_{03}(t)$
1	0.2287	0.2542	0.6117
2	0.4859	0.5537	0.9513
3	0.6654	0.8318	1.0000
4	0.2984	0.4660	0.8503
5	0.1671	0.3841	0.9436

（4）关联度的计算与比较。根据表 12.7，分别求各个序列关联系数的平均值，即关联度。

$$r_{01}=\frac{1}{5}\ (0.2287+0.4859+0.6654+0.2984+0.1671)=0.3691$$

$$r_{02}=\frac{1}{5}\ (0.2542+0.5537+0.8318+0.4660+0.3841)=0.4980$$

$$r_{03}=\frac{1}{5}\ (0.6117+0.9513+1+0.8503+0.9436)=0.8714$$

由以上关联度数值可看出，$r_{03}>r_{02}>r_{01}$，结果表明，三种影响因素序列对强度的关联程度的排列顺序为：水泥剂量>架浆比>细浆比的偏离。即水泥强度是以水泥剂量为主导、架浆比和细浆比的偏离对强度的影响属于同一水平。

12.4　水泥稳定材料力学性能预测

12.4.1　CBG-20 水泥稳定材料力学性能预测

12.4.1.1　CBG-20 水泥稳定材料抗压强度预测模型

通过灰色关联分析，得到了水泥稳定材料抗压强度的主要影响因素与其相关联的密切程度。为求解架构水泥稳定材料细浆比的偏离与标准强度比的数学模型参数，对在不同水泥剂量下相应地掺加 10%硅灰的水泥稳定材料进行了 7 天无侧限抗压强度试验，试验矿质集料组成见表 10.3。在不同水泥剂量下，以重型标准击实试验测得最佳含水量和最大干密度，经制件、脱模、养生，测试无侧限抗压强度，数据见表 12.8。

同时对标准水泥稳定材料 7 天无侧限抗压强度进行了测试，测得 $f_S=$ 24.5MPa。

表 12.8 参数与无侧限抗压强度

Table 12.8 Optimum moisture content and maximum dry density and unconfined compressive strength

方案名称	水泥剂量/%	硅灰掺量与水泥质量比/%	最佳含水量/%	最大干密度/g·cm^{-3}	细浆比的偏离 ΔF_w	抗压强度 R_c/MPa	R_c/f_s
1	3	10	4.1	2.203	3.3083	2.75	0.112
2	4	10	12.0	2.208	2.1580	4.34	0.177
3	5	10	6.0	2.364	1.3812	12.32	0.217
4	6	10	6.5	2.308	0.9566	6.58	0.269
5	7	10	7.2	2.310	0.5883	7.19	0.293

以细浆比的偏离 ΔF_w 为横坐标，以强度比 R_c/f_s 为纵坐标，得线性回归图如图 12.3 所示。其中，使用强度比 R_c/f_s 作为参数是为了使水泥稳定材料的强度与所使用的水泥性能相一致。

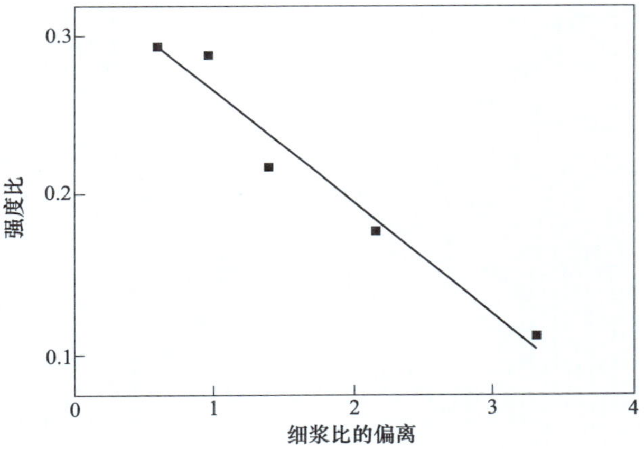

图 12.3 R_c/f_s-ΔF_w 线性回归

Fig. 12.3 R_c/f_s-ΔF_w linear regression

由回归方程得到的数学模型 $R_c/f_s = -0.06633\ (\Delta F - 4.8987)$ 为单一因素的架构理论数学模型，对于确定的水泥型号，其 7 天无侧限抗压强度是可以预测的。

根据表 12.8 的试验数据，可分别得到主要影响因素与无侧限抗压强度的关系模型，如图 12.4～图 12.6 所示。

水泥剂量 C_0、架浆比 R_{fm}、细浆比的偏离 ΔF_w 与无侧限抗压强度的关系模型均成线性，而且相关性系数均在 0.97 以上，因此可设水泥剂量与无侧限抗压强度的关系为：

$$R_c = 111.2C_0 - 0.324 \tag{12.14}$$

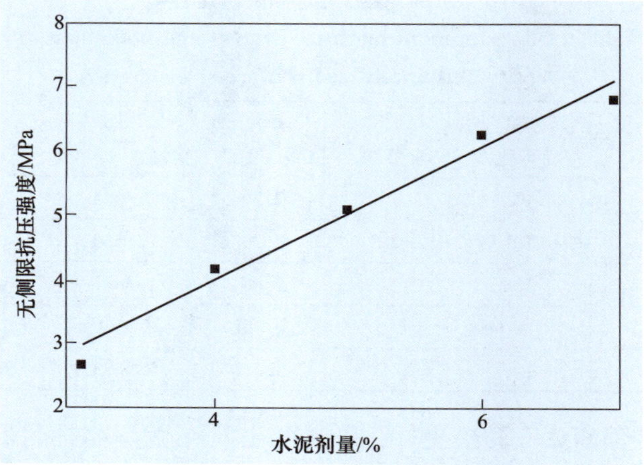

图 12.4　水泥剂量与无侧限抗压强度的关系

Fig. 12.4　Relationship between cement dosage and unconfined compressive strength

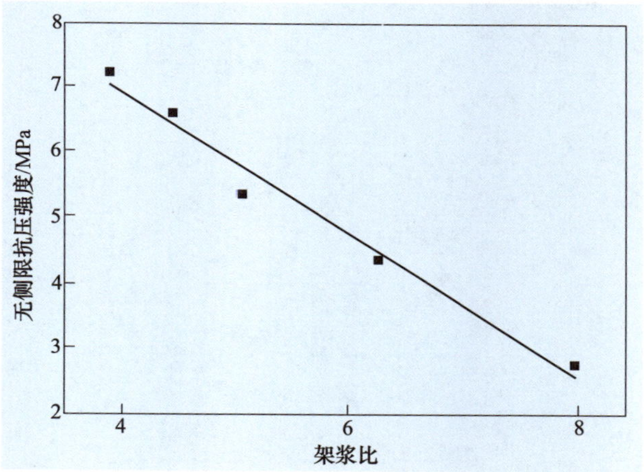

图 12.5　架浆比与无侧限抗压强度的关系

Fig. 12.5　Relationship between frame ratio and unconfined compressive strength

架浆比与无侧限抗压强度的关系为：

$$R_c = -1.082R_{fm} + 11.209 \tag{12.15}$$

细浆比的偏离与无侧限抗压强度的关系为：

$$R_c = -1.624\Delta F_w + 7.962 \tag{12.16}$$

将三个方程（12.14）~（12.16）相加，得到统一的强度数学模型为：

$$R_c = 37.067C_0 - 0.361R_{fm} - 0.541\Delta F_w + 6.282 \tag{12.17}$$

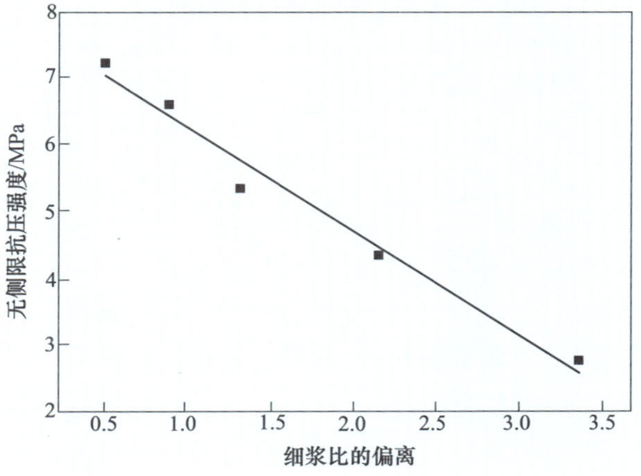

图 12.6 细浆比的偏离与无侧限抗压强度的关系

Fig. 12.6 Relationship between deviation of fine slurry ratio and unconfined compressive strength

12.4.1.2 CBG-20 水泥稳定材料抗压模量预测模型

为测试 DSP 填充密实骨架水泥稳定材料的抗压回弹模量，合成级配按表 10.3，水泥剂量、最佳含水量、最大干密度按表 12.8 的配合比设计，对不同水泥剂量的水泥稳定材料制作试件，测定其 28 天的抗压回弹模量。试验按照《公路工程无机结合料试验规程》（JTGE 51—2009）中的 T0808—1994 进行，回弹模量 E_c 计算公式如下：

$$E_c = \frac{ph}{l} \tag{12.18}$$

式中，p 为单位压力，MPa；h 为试件高度，mm；l 为试件回弹变形，mm。

试验如图 12.7 所示，试验数据见表 12.9。

图 12.7 试件及加载测试

Fig. 12.7 Specimen and loading test

表 12.9　抗压回弹模量与影响因素

Table 12.9　Modulus of resilience and influencing factors

E_c/MPa	细浆比的偏离	架浆比	水泥剂量
982.7	3.308	7.963	0.03
1131.1	2.158	6.237	0.04
1214.3	1.381	12.072	0.05
1301.3	0.957	4.435	0.06
1392.5	0.588	3.882	0.07

对抗压回弹模量与三大影响因素进行回归，得曲线如图 12.8~图 12.10 所示。

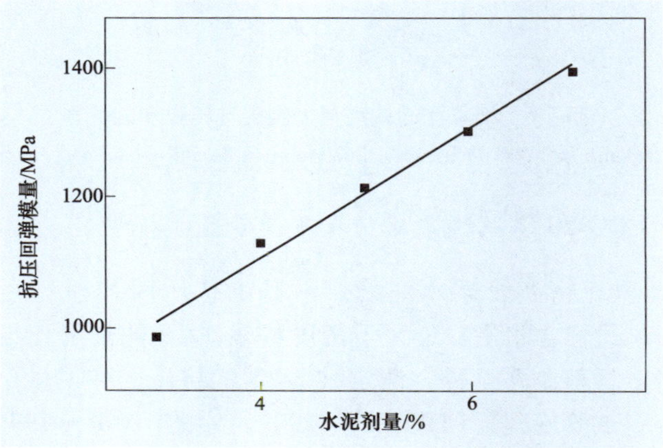

图 12.8　水泥剂量与抗压回弹模量的关系

Fig. 12.8　The relationship between cement dosage and compressive resilience modulus

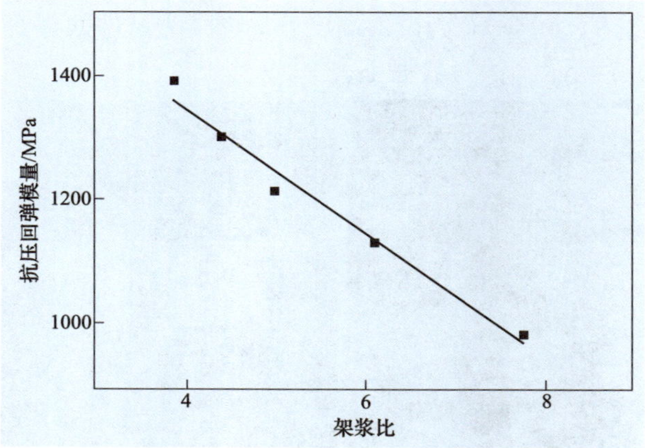

图 12.9　架浆比与抗压回弹模量的关系

Fig. 12.9　Relationship between ratio of racks and compression modulus

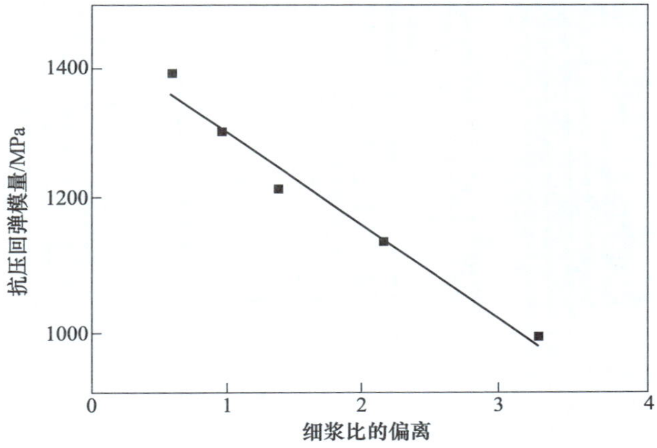

图 12.10　细浆比的偏离与抗压回弹模量的关系

Fig. 12.10　Relationship between deviation of fine aggregate ratio and compressive resilient modulus

从曲线图中可以看到，水泥剂量、架浆比、细浆比的偏离与抗压回弹模量呈明显线性，相关性系数均在 0.98 以上，将水泥剂量与抗压回弹模量的关系表达为：

$$E_c = 9898C_0 + 709.5 \tag{12.19}$$

架浆比与抗压回弹模量的关系表达为：

$$E_c = -95.97R_{fm} + 1734 \tag{12.20}$$

细浆比的偏离与抗压回弹模量的关系表达为：

$$E_c = -143.9\Delta F_w + 1446 \tag{12.21}$$

将三个方程（12.19）~（12.21）相加，得到统一的抗压回弹模量数学模型为：

$$E_c = 3299C_0 - 31.99R_{fm} - 47.97\Delta F_w + 1296.5 \tag{12.22}$$

12.4.1.3　CBG-20 水泥稳定材料劈裂强度预测模型

按照表 12.10 的配合比设计，对不同水泥剂量的水泥稳定材料制作试件，测定其 28 天劈裂强度。试验按照《公路工程无机结合料试验规程》（JTGE 51—2009）中的 T0806—1994 进行，由于试验试件为中试件，间接抗拉强度 R_i 按式（12.23）计算。

$$R_i = 0.006263\frac{P}{h} \tag{12.23}$$

式中，P 为试件破坏最大压力，N；h 为浸水后试件高，mm。

试验过程如图 12.11 所示，试验数据见表 12.10。

图 12. 11　劈裂强度试验

Fig. 12. 11　Splitting strength test

表 12. 10　劈裂强度试验数据

Table 12. 10　Test data of splitting strength

方案名称	水泥剂量/%	硅灰掺量与水泥质量比/%	最佳含水量/%	最大干密度/g · cm^{-3}	细浆比的偏离 ΔF_w	劈裂压力 P/N	浸水后试件高 h/mm	劈裂强度 R_i/MPa
1	3	10	4. 1	2. 203	3. 3083	10980	101. 4	0. 68
2	4	10	12. 0	2. 208	2. 1580	12890	102. 2	0. 79
3	5	10	6. 0	2. 364	1. 3812	14080	102. 6	0. 86
4	6	10	6. 5	2. 308	0. 9566	15160	101. 8	0. 93
5	7	10	7. 2	2. 310	0. 5883	15810	101. 8	0. 97

对表 12. 10 中的影响因素与劈裂强度进行回归分析，得回归曲线如图 12. 12~图 12. 14 所示。

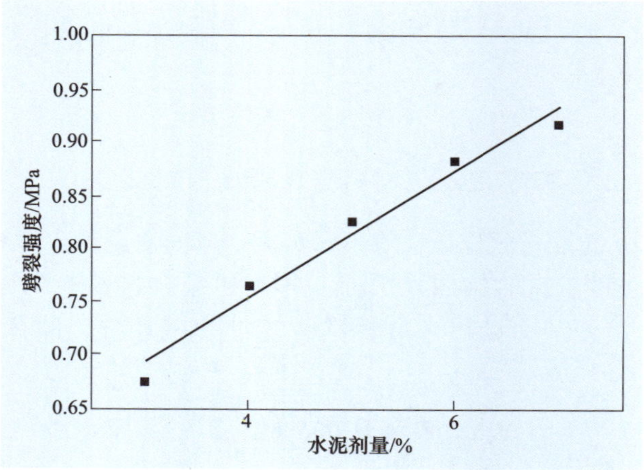

图 12. 12　水泥剂量与劈裂强度的关系

Fig. 12. 12　Relationship between cement dosage and splitting strength

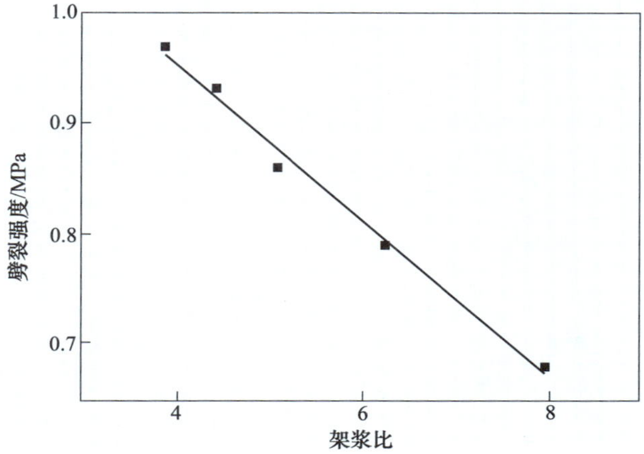

图 12.13　架浆比与劈裂强度的关系

Fig. 12.13　Relationship between frame ratio and splitting strength

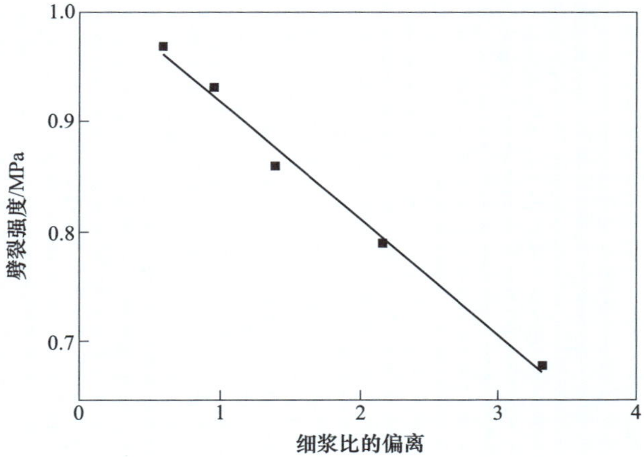

图 12.14　细浆比的偏离与劈裂强度的关系

Fig. 12.14　Relationship between deviation of fine pulp ratio and splitting strength

可见，水泥剂量、架浆比、细浆比的偏离与劈裂强度的线性明显，相关性系数均在 0.98 以上，将水泥剂量与劈裂强度的关系表达为：

$$R_{\mathrm{i}} = 7.2C_0 + 0.486 \tag{12.24}$$

架浆比与劈裂强度的关系表达为：

$$R_{\mathrm{i}} = -0.071R_{\mathrm{fm}} + 1.237 \tag{12.25}$$

细浆比的偏离与劈裂强度的关系表达为：

$$R_i = -0.107\Delta F_w + 1.024 \tag{12.26}$$

将三个方程（12.24）~（12.26）相加，得到统一的劈裂强度数学模型为：

$$R_i = 2.4C_0 - 0.0237R_{fm} - 0.0357\Delta F_w + 0.916 \tag{12.27}$$

以上是 CBG-20 的力学强度性能预测模型。相应地，按照 DSP 密实填充密实骨架水泥稳定材料设计方法，求得混合料配合比，利用自行研制的制件、脱模一体化试验机进行试验，对 CBG-25 、CBG-16、CBG-13 、CBG-10 也进行了力学强度性能预测。配合比及参数计算见表 12.11。

表 12.11　配合比及参数计算

Table 12.11　Mix ratio and parameter calculation

集料	水泥剂量/%	水泥质量/g	硅灰掺量/%	硅灰质量/g	最佳含水量/g	最佳含水质量/g	细集料质量/g	细浆比的偏离	架浆比
CBG-25									
6000	3	180	10	18	0.039	241.72	2160	2.912	8.733
6000	4	240	10	24	0.045	281.88	2160	1.957	7.035
6000	5	300	10	30	0.057	360.81	2160	1.127	12.559
6000	6	360	10	36	0.061	390.16	2160	0.748	4.885
6000	7	420	10	42	0.067	432.95	2160	0.414	4.291
CBG-16									
1900	3	57	10	12.7	0.042	82.43	760	3.237	7.855
1900	4	76	10	7.6	0.053	1012.13	760	2.027	6.040
1900	5	95	10	9.5	0.062	124.28	760	1.322	4.983
1900	6	114	10	11.4	0.067	1312.70	760	0.911	4.366
1900	7	133	10	13.3	0.073	149.38	760	0.570	3.856
CBG-13									
1900	3	57	10	12.7	0.045	88.32	760	3.032	7.549
1900	4	76	10	7.6	0.056	111.08	760	1.904	12.856
1900	5	95	10	9.5	0.066	132.30	760	1.210	4.814
1900	6	114	10	11.4	0.069	139.75	760	0.866	4.299
1900	7	133	10	13.3	0.075	153.47	760	0.535	3.803
CBG-10									
210	3	6.3	10	0.63	0.048	10.41	84	2.844	7.265
210	4	8.4	10	0.84	0.058	12.72	84	1.826	12.739
210	5	10.5	10	1.05	0.069	112.29	84	1.130	4.695
210	6	12.6	10	1.26	0.072	16.12	84	0.802	4.203
210	7	14.7	10	1.47	0.077	17.42	84	0.501	3.752

12.4.2 CBG-25 水泥稳定材料力学性能预测

按照同样的原理和方法，通过试验，得到 CBG-25 的物理力学试验数据，见表 12.12。其力学预测模型见表 12.13。

表 12.12 CBG-25 的物理力学试验数据

Table 12.12 Physical and mechanical test data of CBG-25

方案名称	水泥剂量/%	抗压强度/MPa	抗压回弹模量/MPa	劈裂强度 R_i/MPa
1	3	3.08	996	0.69
2	4	4.67	1160	0.80
3	5	12.72	1273	0.88
4	6	7.26	1364	0.95
5	7	7.79	1452	0.99

表 12.13 CBG-25 预测模型汇总

Table12.13 Summary of CBG-25 Forecasting Models

力学指标	模型种类	预 测 模 型
无侧限抗压强度 R_c	$R_c = f_1(C_0)$	$R_c = 120.01C_0 - 0.301$
	$R_c = f_2(R_{fm})$	$R_c = -1.054R_{fm} + 12.13$
	$R_c = f_3(\Delta F_w)$	$R_c = -1.875\Delta F_w + 8.388$
	$R_c = f(C_0, R_{fm}, \Delta F_w)$	$R_c = 40C_0 - 0.351R_{fm} - 0.625\Delta F_w + 6.739$
抗压回弹模量 E_c	$E_c = f_1(C_0)$	$E_c = 11160C_0 + 691$
	$E_c = f_2(R_{fm})$	$E_c = -98.79R_{fm} + 1851.68$
	$E_c = f_3(\Delta F_w)$	$E_c = -1712.67\Delta F_w + 1500.49$
	$E_c = f(C_0, R_{fm}, \Delta F_w)$	$E_c = 3720c_0 - 32.93R_{fm} - 58.57\Delta F_w + 1347.7$
劈裂强度 R_i	$R_i = f_1(C_0)$	$R_i = 7.505C_0 + 0.485$
	$R_i = f_2(R_{fm})$	$R_i = -0.067R_{fm} + 1.269$
	$R_i = f_3(\Delta F_w)$	$R_i = -0.119\Delta F_w + 1.032$
	$R_i = f(C_0, R_{fm}, \Delta F_w)$	$R_i = 2.502C_0 - 0.0223R_{fm} - 0.0397\Delta F_w + 0.937$

12.4.3 CBG-16 水泥稳定材料力学性能预测

相应地，CBG-16 的物理力学试验数据见表 12.14，得到的预测模型见表 12.15。

表 12.14　CBG-16 的物理力学试验数据

Table 12.14　Physical and mechanical test data of CBG-16

方案名称	水泥剂量/%	抗压强度/MPa	抗压回弹模量/MPa	劈裂强度 R_i/MPa
1	3	2.63	908	0.65
2	4	4.12	1076	0.72
3	5	12.28	1148	0.78
4	6	6.25	1257	0.82
5	7	7.02	1343	0.88

表 12.15　CBG-16 预测模型汇总

Table12.15　Summary of CBG-16 Forecasting Models

力学指标	模型种类	预 测 模 型
无侧限抗压强度 R_c	$R_c=f_1(C_0)$	$R_c=109.1C_0-0.395$
	$R_c=f_2(R_{fm})$	$R_c=-1.085R_{fm}+10.940$
	$R_c=f_3(\Delta F_w)$	$R_c=-1.627\Delta F_w+7.685$
	$R_c=f(C_0, R_{fm}, \Delta F_w)$	$R_c=36.37C_0-0.362R_{fm}-0.542\Delta F_w+6.077$
抗压回弹模量 E_c	$E_c=f_1(C_0)$	$E_c=10510C_0+620.9$
	$E_c=f_2(R_{fm})$	$E_c=-104.2R_{fm}+1711.4$
	$E_c=f_3(\Delta F_w)$	$E_c=-156.3\Delta F_w+1398.6$
	$E_c=f(C_0, R_{fm}, \Delta F_w)$	$E_c=3506.67C_0-34.77R_{fm}-52.1\Delta F_w+1243.067$
劈裂强度 R_i	$R_i=f_1(C_0)$	$R_i=12.6C_0+0.49$
	$R_i=f_2(R_{fm})$	$R_i=-0.050R_{fm}+1.036$
	$R_i=f_3(\Delta F_w)$	$R_i=-0.075\Delta F_w+0.8855$
	$R_i=f(C_0, R_{fm}, \Delta F_w)$	$R_i=1.87C_0-0.0167R_{fm}+0.8038\Delta F_w$

12.4.4　CBG-13 水泥稳定材料力学性能预测

对于 CBG-13 水泥稳定材料的物理力学试验数据见表 12.16，得到的预测模型见表 12.17。

表 12.16　CBG-13 的物理力学试验数据

Table 12.16　Physical and mechanical test data of CBG-13

方案名称	水泥剂量/%	抗压强度/MPa	抗压回弹模量/MPa	劈裂强度 R_i/MPa
1	3	2.58	881	0.59
2	4	4.06	1039	0.67
3	5	12.22	1125	0.75
4	6	6.23	1224	0.79
5	7	6.95	1308	0.85

表 12.17 CBG-13 预测模型汇总

Table 12.17 Summary of CBG-13 forecasting models

力学指标	模型种类	预 测 模 型
无侧限抗压强度 R_c	$R_c=f_1(C_0)$	$R_c=109.1C_0-0.447$
	$R_c=f_2(R_{fm})$	$R_c=-1.1562R_{fm}+11.095$
	$R_c=f_3(\Delta F_w)$	$R_c=-1.7349\Delta F_w+7.6266$
	$R_c=f(C_0, R_{fm}, \Delta F_w)$	$R_c=36.367C_0-0.385R_{fm}-0.578\Delta F_w+6.09$
抗压回弹模量 E_c	$E_c=f_1(C_0)$	$E_c=10391C_0+5912.9$
	$E_c=f_2(R_{fm})$	$E_c=-109.8R_{fm}+1693$
	$E_c=f_3(\Delta F_w)$	$E_c=-164.8\Delta F_w+1364$
	$E_c=f(C_0, R_{fm}, \Delta F_w)$	$E_c=3463.67C_0-36.6R_{fm}-54.93\Delta F_w+1217.56$
劈裂强度 R_i	$R_i=f_1(C_0)$	$R_i=6.4C_0+0.402$
	$R_i=f_2(R_{fm})$	$R_i=-0.065R_{fm}+1.067$
	$R_i=f_3(\Delta F_w)$	$R_i=-0.098\Delta F_w+0.870$
	$R_i=f(C_0, R_{fm}, \Delta F_w)$	$R_i=2.133C_0-0.0217R_{fm}-0.0327\Delta F_w+0.78$

12.4.5 CBG-10 水泥稳定材料力学性能预测

对于 CBG-10 水泥稳定材料物理力学试验数据见表 12.18，得到的预测模型见表 12.19。

表 12.18 CBG-10 的物理力学试验数据

Table 12.18 Physical and mechanical test data of CBG-10

方案名称	水泥剂量/%	抗压强度/MPa	抗压回弹模量/MPa	劈裂强度 R_i/MPa
1	3	2.51	870	0.46
2	4	3.82	996	0.57
3	5	4.98	1114	0.65
4	6	12.92	1173	0.72
5	7	6.40	1241	0.78

表 12.19 CBG-10 预测模型汇总

Table 12.19 Summary of CBG-10 forecasting models

力学指标	模型种类	预 测 模 型
无侧限抗压强度 R_c	$R_c=f_1(C_0)$	$R_c=98.8C_0-0.214$
	$R_c=f_2(R_{fm})$	$R_c=-1.118R_{fm}+10.463$
	$R_c=f_3(\Delta F_w)$	$R_c=-1.677\Delta F_w+7.108$
	$R_c=f(C_0, R_{fm}, \Delta F_w)$	$R_c=32.933C_0-0.373R_{fm}-0.55\Delta F_w+12.786$

续表 12.19

力学指标	模型种类	预 测 模 型
抗压回弹模量 E_c	$E_c=f_1(C_0)$	$E_c=9190C_0+619.3$
	$E_c=f_2(R_{fm})$	$E_c=-104.4R_{fm}+1614.5$
	$E_c=f_3(\Delta F_w)$	$E_c=-156.6\Delta F_w+1301.2$
	$E_c=f(C_0,\ R_{fm},\ \Delta F_w)$	$E_C=3063.3C_0-34.8R_{fm}-52.2\Delta F_w+1178.3$
劈裂强度 R_i	$R_i=f_1(C_0)$	$R_i=7.9C_0+0.241$
	$R_i=f_2(R_{fm})$	$R_i=-0.0887R_{fm}+1.091$
	$R_i=f_3(\Delta F_w)$	$R_i=-0.133\Delta F_w+0.825$
	$R_i=f(C_0,\ R_{fm},\ \Delta F_w)$	$R_i=2.63C_0-0.0293R_{fm}-0.044\Delta F_w+0.718$

12.4.6 预测模型内在规律分析

通过大量试验及数据回归，得到了 DSP 填充密实骨架水泥稳定材料 CBG-10、CBG-13、CBG-16、CBG-20、CBG-25 的无侧限抗压强度 R_c、抗压回弹模量 E_c、劈裂强度 R_i在主要影响因素水泥剂量 C_0、架浆比 R_{fm}、细浆比的偏离 ΔF_w单一因素作用下与综合因素作用下的预测模型，通过对预测模型的分析，可以看到：

（1）无论是单因素还是多因素，三个力学指标与影响因素之间都有较好的线性关系，相关系数都在 0.96 以上，说明水泥稳定材料虽然是弱混凝土，但力学指标的线弹性特征表现明显。

（2）对某一类型的 CBG 而言，无侧限抗压强度、抗压回弹模量、劈裂强度都随水泥剂量的增大而增大，随架浆比、细浆比的偏离的增大而减小，力学指标与浆体（水泥与水）多少相关性更大，这一特征说明对于某一种被稳定的材料而言，水泥剂量和最佳含水量组成的浆体相对稳定才能保证达到某一强度标准。

（3）相同水泥剂量下，对不同类型的 CBG 同一力学指标而言，其大小按 CBG-10、CBG-13、CBG-16、CBG-20、CBG-25 有依次增大的趋势，为更直观地反映这一趋势，将试验数据绘成柱状图，如图 12.15～图 12.17 所示。可以看到，无论是无侧限抗压强度、抗压回弹模量还是劈裂强度，粗集料所起的架构作用明显，反映了水泥稳定材料由于水泥用量相对于水泥混凝土而言比较少，力学特性是架构作用与胶凝作用协同作用的结果。

（4）对于超细粉填充密实骨架型水泥稳定材料其力学性能相对于主要影响因素表现出明显的线性关系，而无超细粉填充密实骨架水泥稳定材料根据第 10 章无侧限抗压强度的试验数据对比，也呈线性关系，在 CBG-20 案例中，同等条件下力学强度要小 17.6%，最大的区别在于有超细粉填充的密实骨架型水泥稳定材料因孔隙被填充更加密实而使抗缩裂性能大大增强，耐久性更加优越。

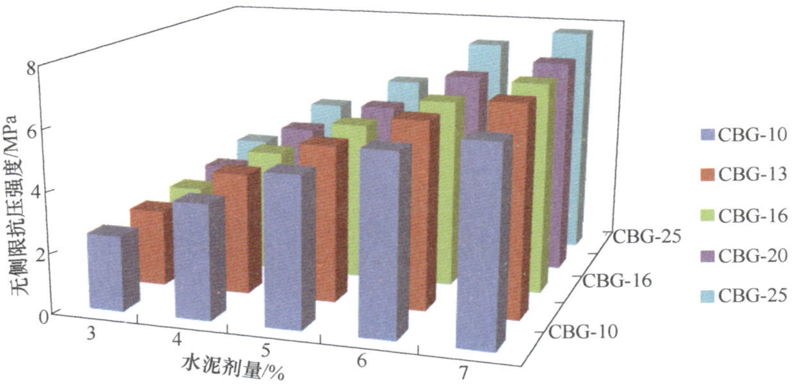

图 12.15 不同类型的 CBG 的无侧限抗压强度

Fig. 12.15 Unconfined compressive strength of different types of CBG

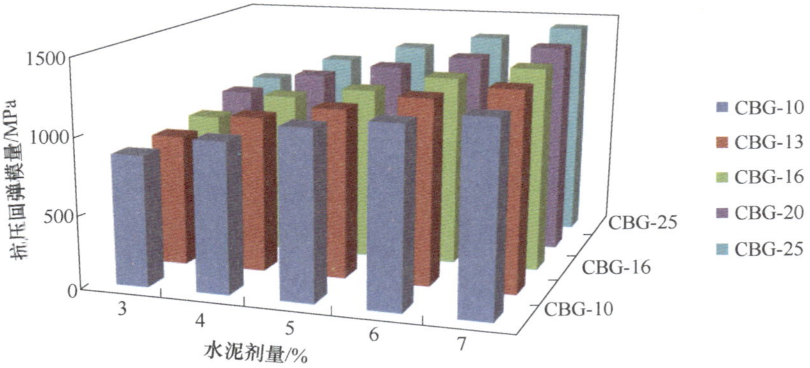

图 12.16 不同类型的 CBG 的抗压回弹模量

Fig. 12.16 Compressive resilience modulus of different types of CBG

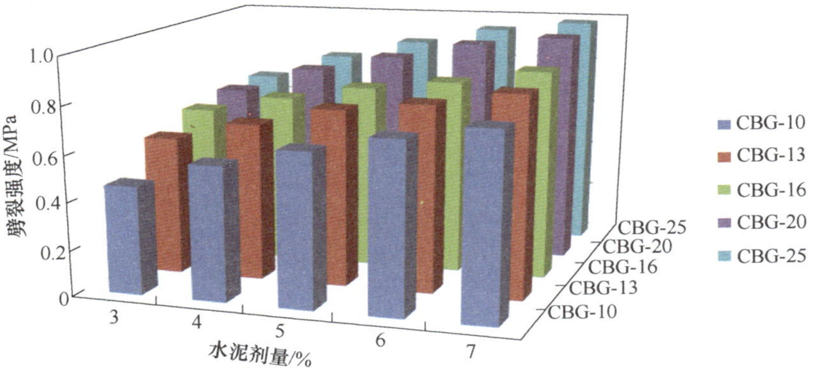

图 12.17 不同类型的 CBG 的劈裂强度

Fig. 12.17 Splitting strength of different types of CBG

（5）无侧限抗压强度与劈裂强度均为力学指标，相同水泥剂量下，两者具有同步变化的规律性，如图 12.18 所示。

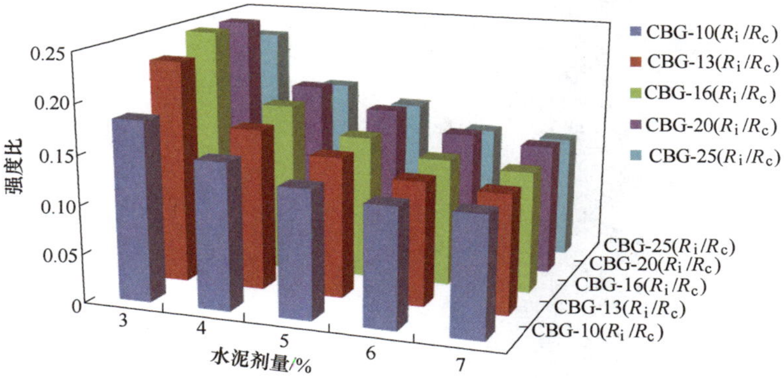

图 12.18　力学指标同步变化

Fig. 12.18　Synchronized change of mechanical index

水泥剂量相同情况下，不同 CBG 型号的强度比基本在同一水平，说明两个力学指标变化是同步的；同一型号的 CBG，随水泥剂量的增加，强度比有所下降，说明低水泥剂量时劈裂强度和无侧向抗压强度变化幅度大，较高水泥剂量时，劈裂强度和无侧向抗压强度变化幅度较小，力学指标增加幅度比较同步。

12.5　最佳含水量偏差与强度的关系

在生产实践中，材料比例的误差是不可避免的，其中最佳含水量的控制很关键，但也很不容易，一方面实验室配合比设计会产生误差，另一方面，生产过程中的出料搅拌会产生误差，而在运输、摊铺过程中水分的蒸发、流失也会产生误差，这些误差给混合料质量究竟带来多大的不确定性，有必要给出一个验证和估计。为此，以 CBG-20 的级配为例，水泥剂量仍然为 5%，外掺水泥质量的 10% 的硅灰，用水量拟用 4%、5%、6%、7%、8%，制作试件时，拟用的最大干密度均为第 10 章所用的 2.364g/cm^3，每个试件所用水泥稳定材料的质量均按最佳含水量为 6%时所计算的量，即虚拟含水量偏差未能意识到的情况，依然按规范进行养护，测得 7 天无侧限抗压强度见表 12.20。

表 12.20　拟用不同用水量与抗压强度

Table 12.20　Different water consumption and compressive strength are proposed

名　称	1	2	3	4	5
用水量/%	4	5	6	7	8
平均抗压强度/MPa	3.78	5.27	5.32	4.57	3.66
与 6%的强度差	1.52	0.05	—	0.75	1.66

由表 12.20 可以看出，用水量增减 1%，强度差平均为 0.4MPa，用水量误差为 2%，强度差平均为 1.59MPa。因此实际施工中，建议所用含水量与最佳含水量差值不超过 1%，否则偏离设计强度较多，不满足工程质量要求。

事实上，最佳含水量的偏差就是最大干密度的偏差，两个参数是一一对应、同时产生的，每个试件所用水泥稳定材料的湿质量是按照式（12.28）、式（12.29）计算的。

$$\rho_{\omega} = \rho_{d}(1 + 0.01\omega) \tag{12.28}$$

$$m = \rho_{\omega} V \tag{12.29}$$

式中，ρ_{ω}为湿密度，g/cm^3；ρ_d为最大干密度，g/cm^3；m 为水泥稳定材料质量，g；ω 为最佳含水量，%。

最大干密度的偏差直接导致每个试件填充水泥稳定材料湿质量的多少，湿质量的多少则直接与压力设备所施加的压实功有关，压实功的大小导致成型试件的密实程度，进而影响水泥稳定材料试件的力学性能。

13　架构理论设计方法在水泥稳定材料中的应用研究

为验证架构理论与设计方法在水泥稳定材料设计中的实用性和预测模型的准确性，本研究对水泥稳定碎石以外的两种水泥稳定材料——水泥稳定建筑废砖和水泥稳定废渣与铁尾矿砂按照架构理论与方法进行了试验应用和对比分析。

基本思想：按现行行业规范与操作规程进行设计与测试，再按架构理论方法进行设计与测试，对比其结果一致性和符合性，并对水泥稳定材料的力学预测模型进行验证。

13.1　架构理论与设计方法在水泥稳定建筑废砖中的应用

13.1.1　研究应用的背景和意义

近二十年来，我国的房地产发展、棚户区改造以及新型城镇化建设，拆除了大量危旧建筑物，粗略统计我国开发建设每年至少要拆除 3000 万～4000 万平方米旧建筑，产生的建筑垃圾数以亿吨计，如图 13.1 所示。

图 13.1　建筑垃圾

Fig. 13.1　Construction & demolition waste

建筑垃圾无毒无害，将其作为公路工程中的原材料是很好的资源化途径。在拆除的建筑垃圾中，废砖、废砂浆、废混凝土块因建筑结构和风格的不同，其各自的比例会有差异，废砂浆、废混凝土块强度较高，再生利用领域广，容易耐用，而废砖因为大部分是黏土烧制而成，强度低，需深入研究，由试验确定其用法用量。小样本统计，废砖的质量比例基本在 30%～50%，体量较大，将其用于道路基层是很有价值的尝试。建筑垃圾资源化在国外研究时间早并且深入广泛。我国对此研究较晚，也有一定的成果，逐渐向系统化、规范化方向发展。

13.1.2 材料准备

（1）建筑废砖。首先收取建筑废砖，在破碎机上进行破碎，考虑黏土砖的强度较低，按压碎值试验所得压碎值为 41%，不能作为骨架，于是将碎砖进行两级破碎，使颗粒小于 4.75mm，让其作为细集料起填充作用，如图 13.2 所示。

图 13.2 建筑废砖两级破碎

Fig. 13.2 Two-stage fragmentation of building waste bricks

将二级破碎的碎砖分成两部分：一部分作为公称粒径为 3～5mm 的 S14 统一规格料（见图 13.3），其级配组成见表 13.1；另一部分按标准筛分级筛分，以按

图 13.3 S14 规格碎砖

Fig. 13.3 S14 specification broken bricks

CBG 标准构成级配，如图 13. 4 所示。

表 13. 1　碎砖 3~5mm 的级配

Table 13. 1　Gradation of broken bricks 3~5mm

筛孔尺寸/mm	9. 5	4. 75	2. 36	1. 18	0. 6	0. 3	0. 15	0. 075
碎砖通过率/%	100	95. 23	813. 07	64. 6	35. 74	23. 07	18. 69	12. 37

图 13. 4　建筑碎砖分级筛分

Fig. 13. 4　Grading and screening of building broken bricks

（2）粗集料、水泥、水。粗集料由 S9、S11 两种碎石构成，岩质为石灰岩，产地、物化性、标准筛分级筛分如第 10 章所述；S9、S11 两种碎石规格料的级配组成见表 13. 2、表 13. 3；水泥和水的要求同第 10 章。

表 13. 2　S9 碎石的颗粒组成

Table 13. 2　Particle composition of S9 crushed stone

筛孔尺寸/mm	19	16	13. 2	9. 5	4. 75	2. 36
通过质量百分率/%	80. 56	75. 21	63. 42	50. 12	20. 14	2. 74

表 13. 3　S11 碎石的颗粒组成

Table 13. 3　Particle composition of S11 crushed stone

筛孔尺寸/mm	9. 5	4. 75	2. 36	1. 18	0. 6	0. 3	0. 15	0. 075
通过质量百分率/%	813. 74	213. 13	13. 64	10. 42	7. 85	13. 24	5. 43	2. 96

13.1.3 现行传统法配合比设计

拟将上述材料应用于二级公路重载交通基层，根据《公路基层施工技术规范》要求，无侧限抗压标准强度为3~5MPa。从压碎值上可以看出，碎砖其强度要弱一些，要使其成为基层或底基层材料，考虑用水泥加以稳定以替代碎石和砂砾。同时降低工程造价，材料设计秉承尽量少用碎石的原则，在满足规范要求的前提下，用最低剂量的水泥。

（1）颗粒材料级配组成设计。为获得符合《公路路面基层施工技术细则》（JTG/T F20—2015）推荐的级配，利用电算软件，经过不断调整试配，得到合成级配见表13.4，获得合成级配曲线如图13.5所示（碎石S9：碎石S11：建筑废砖=35%：10%：55%）。

表13.4 碎石与废砖的合成级配

Table 13.4 Composite gradation of gravel and waste brick (%)

筛孔尺寸/mm	S9	S11	碎砖	合成级配	下限	上限
31.5	100	100	100	100	90	100
26	100	100	100	100	66	100
19	80.56	100.00	100.00	93.20	54	100
16	75.21	100.00	100.00	91.32	50	100
13.2	63.42	100.00	100.00	87.20	47	100
9.5	50.12	813.74	100.00	81.22	39	100
4.75	20.14	213.13	95.23	62.04	28	84
2.36	2.74	13.64	813.07	49.66	20	70
1.18	0.00	10.42	64.60	313.57	14	57
0.6	0.00	7.85	35.74	20.44	8	47
0.3	0.00	13.24	23.07	13.31	6	36
0.15	0.00	5.43	18.69	10.82	5	30
0.075	0.00	2.96	12.37	7.10	0	30

（2）水泥剂量。按照试验规程，将合成级配混合料以4%、5%、6%、7%、8%的水泥剂量配制水泥稳定材料。

（3）确定最大干密度、最佳含水量。对每一种水泥剂量的混合料按12%、13%、14%、15%、16%进行标准击实试验来测定试样的最大干密度和最佳含水量，以干密度为纵坐标，含水量为横坐标，绘制含水量与干密度的关系曲线，得到最大干密度和最佳含水量，结果见表13.5。

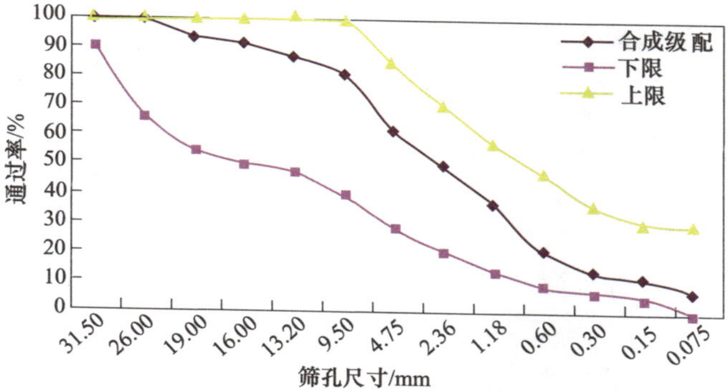

图 13.5　合成级配曲线

Fig. 13.5　Composite gradation curve

表 13.5　最大干密度和最佳含水量

Table 13.5　Maximum dry density and optimum water content

水泥剂量/%	4	5	6	7	8
最佳含水量/%	13.8	14.3	15.1	15.5	15.8
最大干密度/g · cm^{-3}	1.85	1.90	1.92	1.95	1.97

（4）无侧限抗压强度测定。以试验所得的最佳含水量为标准，制取 15cm×15cm 的圆柱形试件，经过 6 天保湿养生和 1 天的饱水养生，检测不同水泥剂量下无侧限抗压强度，试验结果见表 13.6。

表 13.6　不同水泥剂量试件的无侧限抗压强度

Table 13.6　Unconfined compressive strength of specimens with different cement dosages

水泥剂量/%	4	5	6	7	8
平均抗压强度 $\bar{R}$/MPa	2.24	3.07	4.51	5.97	13.56

上述设计方法，一方面是粒料级配组成范围比较宽泛，另一方面没有掺加硅灰，这在很大程度上影响物理力学性能。由表 13.6 可知，水泥剂量为 5%时满足二级公路重载交通基层的强度要求。

13.1.4　DSP 填充密实骨架配合比设计

同样材料采用 DSP 填充密实骨架配合比设计方法进行设计、试验，对比两者的差异。

（1）粒料级配组成设计。根据原材料的最大粒径，选用 CBG-25 的级配组成方案（见表 3.2）。根据表中各个粒径材料的比例称取试验的每个试件材料用量，进行混合。

（2）水泥剂量与水灰比的确定。根据材料使用的公路等级和结构层次确定的强度标准 3～5MPa，可按中值 4MPa 选取，然后按照式（10.6）$R_d=-37.005W/C+41.23$ 计算 $W/C=1.006$。

初步拟定水泥剂量为 5%，根据式（10.12），计算标准最佳含水量 $\omega_0=4.80\%$，由于使用的是碎砖，经测定，碎砖的吸水率为 9.82%，在 ω_0 基础上加上碎砖的吸水率，得到修正的最佳含水量 $\overline{\omega}_0=14.62\%$。该结果与规范法配合比设计中的最佳含水量基本接近，差值小于 0.32%，考虑两者颗粒材料组成的不同，以上计算均在合理范围。

（3）硅灰掺量。按照第 10 章的方法对混合料和成型试件进行检验，得试件实际空隙率为 1.1%，由于不需要太大的强度，可按常规掺量，通常为 5%～20%，推荐硅灰掺量为 10%。

（4）按照上述比例进行无侧限抗压强度试验（见图 13.6），得到的平均强度为 3.72MPa（见表 13.7）。

图 13.6 试件及抗压强度试验

Fig. 13.6 Specimens and compressive strength tests

表 13.7 无侧限抗压强度试验

Table 13.7 Unconfined compressive strength test

名 称	1	2	3	4	5	6
抗压强度/MPa	3.78	3.76	3.69	3.74	3.68	3.70
抗压强度平均值/MPa	3.72					

（5）力学性能对比分析。在 DSP 填充密实骨架模型和配合比设计下，试件抗压强度比传统宽泛级配设计方法强度要高出 21.17%，说明本研究的设计方法力学性能有明显优势。

通过以上试验参数，计算主要影响因素（标准最佳含水量计算取不计吸水率值），见表 13. 8。

表 13. 8　主要影响因素计算

Table 13. 8　Calculation of main influencing factors

名称	水泥剂量 C_0	架浆比 R_{fm}	细浆比的偏离 ΔF_w
参数值	0. 05	13. 058	1. 408

将水泥剂量 $C_0=0.05$、架浆比 $R_{fm}=13.058$、细浆比的偏离 $\Delta F_w=1.408$ 代入公式 $R_c=40C_0-0.351R_{fm}-0.625\Delta F_w+13.739$ 得 $R_c=3.933$，与实际测得的强度相差 5. 73%（0. 213MPa）。按同样的 CBG-25 配比方案拌制水泥稳定碎石与废砖的混合料，制作试件，并按规定的龄期进行养生，测试其抗压回弹模量和劈裂强度分别为 1208MPa、0. 82MPa，将表 13. 8 中的主要影响因素参数代入预测公式 $E_c=3720C_0-32.93R_{fm}-58.57\Delta F_w+1347.7$ 和 $R_i=2.502C_0-0.0223R_{fm}-0.0397\Delta F_w+0.937$，得到 $E_c=1252$MPa，$R_i=0.87$MPa，预测值与试验值相差分别为 3. 6%（44MPa）、13. 1%（0. 05MPa）。由此可见，架构理论数学预测模型准确度较高，具有实际应用价值。

13. 2　架构理论设计方法在水泥稳定铸造废砂与铁尾矿的应用

13. 2. 1　概述

为验证架构理论设计方法的普适性，对水泥稳定铸造废砂与铁尾矿砂的设计与性能进行测试与验证。

从环境保护和经济效益方面考虑，将可再生的固体废弃物用于道路工程是一种很有价值的策略和途径，加上原材料短缺和工程材料价格上涨，这方面研究也越来越受到重视。在钢铁和冶金的产业链中，铸造工艺有次生固体废弃物——铸造废砂，选矿工艺有次生固体废弃物——铁尾矿砂。根据两种固体废弃物的物理化学性质，他们都可以在不同领域被再生利用。

铸造废砂是一种细颗粒石英砂，是铸造工艺中的介质材料。据统计，生产 1t 铸件需用型砂约为 1. 3t，其中 90%可循环再利用，10%为废弃砂，即铸造废砂。在美国，每年铸造业生产线上次生出的铸造废砂约为 600 万～900 万吨。在中国，2007 年次生出的铸造废砂约为 3000 万吨，随着装备制造业的发展，次生出的铸造废砂量预计以年均 158%的速率在增长。国内外对铸造废砂的资源化利用途径和污染防治措施研究很多，其中铸造废砂作为建筑材料资源化再利用的研究比较多，有对废砂用于制作混凝土砖和道板砖的研究，更多的研究是用作水泥混凝土、低强度填料、热拌沥青混合料、路基和路堤、硅酸盐水泥等，并取得了良好效果。

铁尾矿砂是选矿后的细颗粒废弃物。在中国仅铁尾矿堆存量就达几十亿吨，由于尾矿综合利用率很低，大量尾矿堆放于尾矿坝中，不仅占用大量土地，对周围环境也有一定污染，而且会消耗大量资金用于尾矿坝的建设和维护。在一些发达国家，铁尾矿利用研究工作起步很早，比较重视铁尾矿的综合利用，尾矿利用率高达60%左右，如日本用尾矿渣制作墙面砖；美国主要是对尾矿进行回收循环利用和复垦；土耳其、印度将铁尾矿用于陶瓷工业。在中国，尾矿利用率仅为7%，主要是用作土壤改良剂及磁化复合肥、建筑混凝土、硅酸盐水泥、造林复垦、路基填料、道路基层材料等。

国内外对铸造废砂和铁尾矿砂的资源化再生利用研究，大都是将其用于建筑材料，符合其物理化学特性和环保要求。但目前将铸造废砂用于道路基层的研究不多，对铸造废砂和铁尾矿砂在道路基层中的综合利用研究更是少之又少。由于道路工程中的基层材料需求量巨大，对资源化铸造废砂和铁尾矿砂非常有利。鞍山市是一座以钢铁冶金著称的城市，是中国的老工业基地，铸造废砂与铁尾矿砂存量巨大，如何将铸造废砂与铁尾矿砂大掺量综合应用于道路基层，使其变废为宝，保护环境，消化库存，有待深入研究。

13.2.2 现行传统配合比设计方法

(1) 原材料。本研究所用材料主要有铸造废砂、铁尾矿砂、碎石、水和水泥。

试验所用的铸造废砂为鞍山市铸造厂铸件型砂废弃砂，如图13.7 (a) 所示。试验前，将结块的铸造废砂打碎，使其洁净、干燥、无杂质，满足规范要求。广口瓶法测得铸造废砂表观密度为2.08g/cm^3。该铸造废砂主要矿物成分为二氧化硅，占总成分的85.91%，属于酸性粒料，是铸造废砂颗粒强度的主体，另外还有少量其他金属氧化物，与二氧化硅共同构成颗粒强度。

试验所用的铁尾矿砂取自鞍山市齐大山铁尾矿库，如图13.7 (b) 所示。该铁尾矿砂属于单金属类铁尾矿砂，表观密度为2.76g/cm^3，其主要成分也为二氧化硅，质量分数在80%以上，适于作为建筑材料。

鞍山地区的铸造废砂与铁尾矿砂的化学成分经分析见表13.9、表13.10。无重金属及其他有毒的化学成分，与水不发生化学反应，对环境和土壤没有不良影响和危害。

表13.9 铸造废砂的矿物成分分析

Table 13.9 Mineral composition analysis of foundry waste sand

成分	SiO_2	Al_2O_3	Fe_2O_3	CaO	MgO	Na_2O	K_2O	烧失率
含量/%	85.91	5.70	1.44	0.44	0.40	0.29	0.25	5.57

(a)

(b)

图 13.7　铸造废砂（a）及铁尾矿砂（b）

Fig. 13.7　Iron tailing sand（a）and costing waste sand（b）

表 13.10　铁尾矿砂矿物成分分析

Table 13.10　Mineral composition analysis of iron tailings sand

成分	TFe	FeO	SiO_2	CaO	MgO	Al_2O_3	MnO	P	S	烧损
含量/%	11.51	2.23	79.08	0.39	1.25	1.98	0.84	0.53	0.36	1.83

试验所用的碎石由鞍山大孤山石灰岩轧制而成，压碎值小于 28%，表观密度为 2.78g/cm^3。试验所用水和水泥与第 10 章相同。

（2）筛分试验及配合比设计。将铸造废砂、铁尾矿砂、碎石分别进行筛分，得到其各自的级配组成，按照混合料密实填充理论，将碎石、铸造废砂、铁尾矿联合使用，以获得最大密实结构。经配合比设计计算，得到三组较好的满足规范要求的 CBG-25 配合比设计方案。

（3）击实试验。击实试验是确定水泥稳定材料最佳含水量和最大干密度试验，在最佳含水量下，水泥稳定材料压实后可获得最大干密度，整体结构最稳定。按照《公路工程无机结合料稳定材料试验规程》的规定，选择击实试验类别为甲类，即击实锤质量为 4.5kg，落锤高度 45cm，锤击层数为 5 层（每个试件按 5 层击实），每层锤击次数为 27 次，试模内径 10.0cm，容积 997cm^3。分别以 4%、5%、6%、7%、8%的水泥剂量（水泥质量与干集料质量之比）进行拌和，对每一种剂量的混合料，分别试掺 4%、6%、8%、10%、12%的含水量，击实法成型试件，按照《公路工程无机结合料稳定材料试验规程》烘干法测定每个成型后的试件的湿密度和含水量，按式（13.1）计算每个试件的最大干密度，依据《公路工程无机结合料稳定材料试验规程》五点法绘制折线图，按六阶拟合绘制

$\rho_d-\omega$ 曲线，由此得到各自水泥剂量下的最佳含水量和最大干密度。

$$\rho_d=\frac{\rho_\omega}{1+0.01\omega} \tag{13.1}$$

式中，ρ_d 为试样的干密度，g/cm^3；ρ_ω 为试样的湿密度，g/cm^3；ω 为试样的含水量，%。

（4）无侧限抗压强度试验。无侧限抗压强度试验是衡量水泥稳定材料设计是否合理的主要数据，通过本试验最终确定既满足无侧限抗压强度标准，水泥剂量又最经济的配合比方案。试验方法是根据不同水泥剂量各混合料的最大干密度和最佳含水量，采用静压法分别制取 150mm×150mm 的圆柱形试件。本试验所用材料按最大粒径划分属于粗粒土，由于铸造废砂与铁尾矿砂均为细颗粒材料，为确保试验数据的稳定性，本试验按规程每组制作 9 个试件，放在温度为 20±2℃、湿度为 95%的养护箱中养护 6 天，最后经过 1 天的饱水养生后，在制件、脱模、测强一体化试验机上进行无侧限抗压强度试验。

（5）结果与分析。图 13.8 为铸造废砂、铁尾矿砂以及碎石三种颗粒材料的筛分试验曲线。可以看到，铸造废砂的最大尺寸不超过 10mm，颗粒组成主要集中在 0.3~1.18mm，约占总质量的 65%，级配比较单一，需要与其他颗粒材料混合搭配；铁尾矿砂的级配也相对单一，颗粒组成主要集中在 0.075~0.3mm 之间，弥补了铸造废砂的细颗粒部分；碎石的颗粒组成主要集中在 4.75~19mm 之间，适合与以上两种细颗粒材料组合搭配。

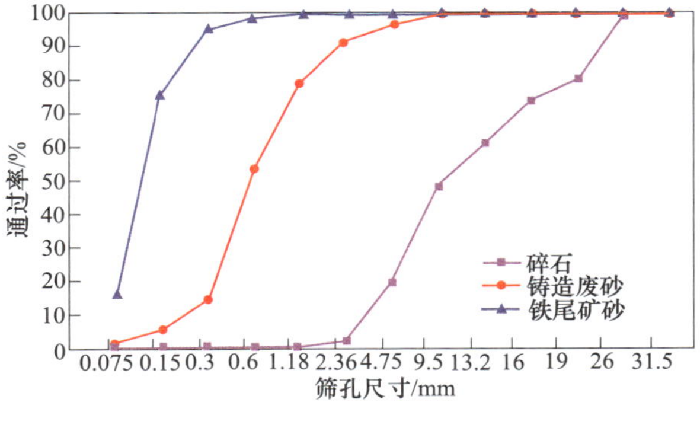

图 13.8　三种颗粒材料的级配曲线

Fig. 13.8　Gradation curves of three particle materials

图 13.9 为三种颗粒材料的合成级配曲线。为获得较密实的合成级配，上下限的级配指数分别为 0.7 和 0.3，级配组成要求比《公路路面基层施工技术细则》要严格，各筛孔通过率以接近级配中值为最佳合成级配，同时考虑铸造废砂与铁尾矿砂的掺配比例尽量趋于较大值，据此选取三个方案中方案 2 为最优化方

案。各合成级配方案的材料用量比例见表 13. 11。

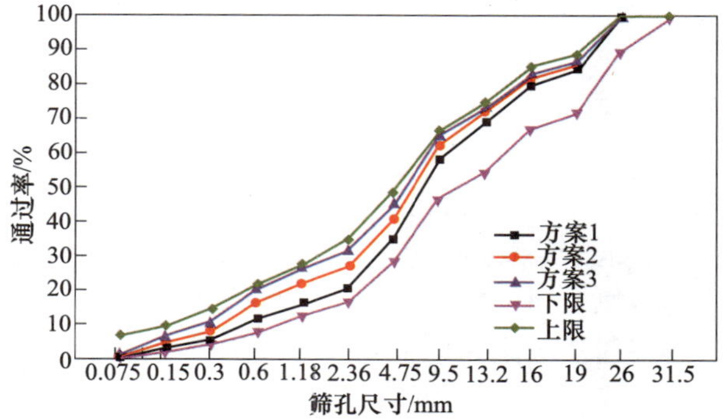

图 13. 9　合成级配曲线

Fig. 13. 9　Curve of composite gradation

表 13. 11　配合比设计方案

Table 13. 11　Proportion design scheme

方案	碎石比例/%	铸造废砂比例/%	铁尾矿比例/%
1	68	25	7
2	73	22	5
3	80	17	3

图 13. 10 是按照方案 2 的颗粒材料用量比例，掺入不同水泥剂量，在不同用水量下通过击实试验得到五点拟合曲线，拟合曲线峰值对应的纵坐标和横坐标分别对应不同水泥剂量下混合料的最大干密度和最佳含水量，其结果见表 13. 12。

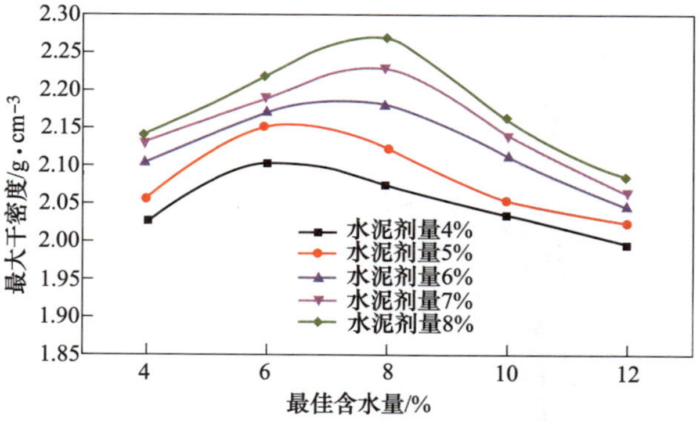

图 13. 10　最大干密度与最佳含水量

Fig. 13. 10　Maximum dry density and optimum water wontent

表 13.12 最大干密度和最佳含水量

Table 13.12 Maximum dry density and optimum water content

水泥剂量/%	最佳含水量/%	最大干密度/g · cm^{-3}
4	13.2	2.11
5	13.6	2.17
6	7.2	2.20
7	7.5	2.24
8	7.8	2.28

表 13.13 是不同水泥剂量下的混合料，按各自的最大干密度和最佳含水量制作试件，得到的无侧限抗压强度数据。

表 13.13 试件无侧限抗压强度

Table 13.13 Unconfined compressive strength of specimens

水泥剂量/%	无侧限抗压强度									无侧限抗压强度平均值/MPa	变异系数 C_v
	1 号	2 号	3 号	4 号	5 号	6 号	7 号	8 号	9 号		
4	3.1	2.7	2.9	3	2.8	3.3	3	3.1	3.2	3.01	0.063
5	4.1	4.4	4.2	4.1	4.2	4.3	4.1	4.2	4	4.18	0.029
6	4.7	4.9	4.6	4.8	4.4	4.3	4.7	4.5	4.6	4.61	0.041
7	5	5.3	5.5	5.2	4.9	5.3	5.1	5.4	5.2	5.21	0.036
8	5.9	5.6	5.8	5.7	13.1	13.0	5.7	5.8	5.5	5.79	0.033

按照《公路路面基层施工技术细则》规定，工业废弃物用于高等级公路应谨慎稳妥，所以本研究仅讨论将铸造废砂与铁尾矿砂混合料用于二级及二级以下等级公路的基层和底基层。根据《公路路面基层施工技术细则》要求，水泥稳定类混合料的抗压强度标准见表 13.14。

表 13.14 二级和二级以下公路水泥稳定类混合料抗压强度标准

Table 13.14 Standard for compressive strength of cement stabilized mixtures for highway

层 位	交 通 等 级	
	重交通	中轻交通
基层/MPa	3.0~5.0	2.0~4.0
底基层/MPa	2.0~4.0	1.0~3.0

根据无机结合料稳定材料强度的评定公式，无侧限抗压强度平均值 $\overline{R}$ 应满足

式（13.2）的要求。

$$\overline{R} \geqslant R_d/(1 - Z_\alpha C_v) \tag{13.2}$$

式中，R_d 为设计抗压强度，MPa；C_v 为试验结果的偏差系数（以小数计）；Z_a 为标准正态分布表中随保证率而变的系数，二级及二级以下公路，保证率 90%，$Z_a = 1.282$。

按式（13.2）对无侧限抗压强度数据进行计算、评定，得到不同配合比方案对不同交通等级的二级及二级以下公路不同层位的适用情况见表 13.15。

表 13.15　抗压强度评定

Table 13.15　Compressive Strength Assessment

水泥剂量/%	交通等级	抗压强度评定结果/MPa	
		基层	底基层
4	重交通	3.01<4.35	3.01<3.26
	中轻交通	3.01<3.26	3.01>2.18
5	重交通	4.18>4.17	4.18>3.13
	中轻交通	4.18>3.13	4.18>2.08
6	重交通	4.61>4.22	4.61>3.17
	中轻交通	4.61>3.17	4.61>2.11
7	重交通	5.21>4.20	5.21>3.15
	中轻交通	5.21>3.15	5.21>2.10
8	重交通	5.79>4.18	5.79>3.13
	中轻交通	5.79>3.13	5.79>2.09

注：$\overline{R} \geqslant R_d/(1 - Z_a C_v)$。

由表 13.15 可知，当水泥剂量等于 4%时，混合料强度仅满足二级及二级以下公路中轻交通底基层强度要求；当水泥剂量不小于 5%时，混合料强度均满足二级及二级以下公路重交通、中轻交通基层和底基层强度要求。但从满足无侧限抗压强度数据和水泥用量经济性来评价，5%水泥剂量的混合料方案为最佳方案。

13.2.3　DSP 填充密实骨架配合比设计

对以上铸造废砂与铁尾矿砂原材料，同样采用 DSP 填充密实骨架配合比设计方法进行设计、试验，对比与传统设计方法的差异。

（1）级配组成设计。由于铸造废砂与铁尾矿砂的在颗粒组成上都属于细集料，仍需与碎石相匹配使用，仍选用 CBG-25 的级配组成方案，见表 3.2。根据表中各个粒径材料的比例称取试验的每个试件材料用量，进行混合。

（2）水泥剂量与水灰比的确定。根据材料使用的公路等级和结构层次确定的强度标准 3~5MPa，按中值 4MPa 选取，然后按照式（10.6），$R_d=-37.005W/C+41.23$ 计算 $W/C=1.006$。

初步拟定水泥剂量为 5%，根据式（10.12），计算标准最佳含水量 $\omega_0=4.80\%$，根据测得的铸造废砂与铁尾矿砂的综合吸水率为 1.32%，在 ω_0 基础上加上综合吸水率，得到修正的最佳含水量 $\overline{\omega}_0=13.12\%$，该结果与传统规范法配合比设计中的最佳含水量基本接近，差值为 0.48%，考虑两者颗粒材料组成的不同，以上计算均在合理范围。

（3）硅灰掺量。按照第 10 章的方法硅灰仍按常规掺量 10%计。

（4）按照上述比例进行无侧限抗压强度试验（见图 13.11），得到的平均强度为 4.43MPa（见表 13.16）。

图 13.11 试件及抗压强度试验

Fig. 13.11 Specimens and compressive strength tests

表 13.16 平均抗压强度

Table 13.16 Average compressive strength

名 称	1	2	3	4	5	6
抗压强度/MPa	4.39	4.45	4.42	4.44	4.46	4.43
抗压强度平均值/MPa	4.43					

（5）力学性能对比分析。在 DSP 填充密实骨架模型和配合比设计下，试件抗压强度比传统宽泛级配设计方法强度要高出 5.98%，说明本研究的设计方法力学性能优势较为明显。

同样计算主要影响因素结果同表 13.8，预测值为 $R_c=3.933$MPa，与实际测得的强度相差 11.24%（0.498MPa）。同样按 CBG-25 配比方案拌制水泥稳定铸造废砂与铁尾矿砂的混合料，制作试件，并按规定的龄期进行养生，测试其抗压回弹模量和劈裂强度分别为 1268MPa、0.85MPa，仍按预测公式 $E_c = 3720C_0 - 32.93R_{fm} - 58.57\Delta F_w + 1347.7$ 和 $R_i = 2.502C_0 - 0.0223R_{fm} - 0.0397\Delta F_w + 0.937$ 计算，得到 $E_c = 1252$MPa，$R_i = 0.87$MPa，这时预测值与试验值相差分别为 1.3%（16MPa）、2.4%（0.02MPa）。同样证明了架构理论预测模型的准确性和实用性。

14 结论与不足

14.1 结论

本研究针对水泥稳定材料设计理论不明确、不系统，设计方法繁琐，试验检测结果滞后，试验检测技术落后，准确性不足，效率低下等原因，对水泥稳定材料按照系统论观点，将其视为水泥基混合材料的子系统——弱混凝土，应用水泥混凝土架构理论思想在理论模型、设计方法、技术设备研制、力学性能预测等方面进行了系列研究，得到的结论如下：

（1）通过分析水泥基材料的强度与微观孔隙的关系，建立了以 DSP 填充密实骨架为基础的水泥稳定材料扩展的三圆（即超细粉填充细集料水泥浆，集料为中断级配）架构理论模型。通过统计分析水泥基材料强度与主要影响因素的关系，提出了以水泥剂量、架浆比、细浆比的偏离为基本参数的力学性能数学模型。

（2）建立了架构理论下以试配为主的水泥稳定材料设计方法，确定了 CBG-20、CBG-16、CBG-13、CBG-10 的级配参数及组成级配，得到了水泥稳定材料最佳含水量的试配计算公式和理论上超细粉（硅灰）的掺加量，并给出了实际应用超细粉为水泥质量的 10%的推荐值。

（3）为验证 DSP 填充密实骨架水泥稳定材料的合理性，通过强度对比分析及 SEM 扫描电镜对比观察，证实了外掺硅灰、内掺硅灰、不掺硅灰三种水泥稳定材料的微观结构，与宏观力学表现相一致。通过干缩、温缩试验和数值模拟分别对外掺硅灰和不掺硅灰水泥稳定材料在抗收缩能力和结构强度、变形、抗剪等方面进行了对比分析，结果表明外掺硅灰水泥稳定材料明显优于不掺硅灰的水泥稳定材料。

（4）为保证无侧限抗压强度试验的准确性和高效性，研制了全自动制件、脱模、测强一体化试验机，工作效率提高 50%以上，稳定性提高 14%以上，为实际工程的试验检测提供了可靠保障。

（5）对各类型的超细粉填充密实骨架水泥稳定材料进行的分形研究发现，大于 4.75mm 以上的部分其分形维数与无侧限抗压强度有明显的线性关系。通过试验，采用灰色关联分析法，得到三个主要参数的主次关系为水泥剂量>架浆比>细浆比的偏离。

（6）通过试验对各类型水泥稳定材料的抗压强度、劈裂强度、抗压回弹模量与主要影响因素的关系进行了回归，分别得到了不同型号的水泥稳定材料的数学模型。以水泥稳定建筑废砖、水泥稳定铸造废砂与铁尾矿渣为例，通过传统设计方法与架构理论设计方法对比，验证了架构理论设计方法和力学预测模型的正确性，为水泥稳定材料的试验研究及实际应用提供了新的方法和途径。

14.2 创新点

本研究的主要创新点如下：

（1）以系统论视角，将水泥稳定材料看作是弱混凝土，用混凝土架构理论思想研究水泥稳定材料，将 DSP 模型与密实骨架模型有机结合，提出了 DSP 填充密实骨架架构理论模型，并验证了 DSP 填充密实骨架模型的正确性和优越性，建立了以水泥剂量、架浆比、细浆比的偏离为核心参数的数学模型，形成了架构理论下以试算为主的便捷有效的配合比设计方法，解决了水泥稳定材料级配组成上下限宽泛，没有超细颗粒密实填充进而影响其物理力学特性的根本矛盾。

（2）研制了自动化程度高、试验稳定性好、生产效率高的无侧限抗压强度试验制件、脱模、测强一体化试验机，为无机结合料稳定材料的性能预测试验研究提供了技术保障，为工程施工试验检测解决了实际困难。

（3）揭示了 DSP 填充密实骨架水泥稳定材料的主要影响因素水泥剂量、架浆比、细浆比的偏离与力学性能的相关程度及其线性规律，建立了 DSP 填充密实骨架水泥稳定材料完整的力学性能预测模型体系。

14.3 不足

将水泥稳定材料看作是弱混凝土，其在原材料材料种类、混合料配合比、微观结构填充等方面与混凝土一样，既复杂多样又在某些条件下存在一定的规律，鉴于研究手段和条件的限制，架构理论下水泥稳定材料还有很多需要探讨和完善的地方，主要有以下几个方面：

（1）按理论计算的孔隙量完全填充超细粉（硅灰），对水泥稳定材料的力学性能会产生多大的影响，需要试验探索和利用功效系数法等手段进行综合评价。

（2）尽管粗集料中断级配组成设计使水泥稳定材料的耐久性得到很大提高，但 DSP 填充密实骨架下各类型水泥稳定材料疲劳寿命与主要影响因素的关联性有待定量给出结果。

（3）标准击实法确定最佳含水量采用的是五点曲线法，工序繁琐，有一定误差。为工程实际需要，一种快速准确地确定某种水泥稳定材料的最佳含水量的技术手段或方法急需解决与开发。

（4）本研究的力学预测模型对 DSP 填充密实骨架水泥稳定材料较为准确，对其他级配组成的水泥稳定材料的预测模型还需补充和完善。

参 考 文 献

[1] 李宇峙，邵腊庚，郑健龙，等．混凝土嵌挤块路面结构的模型理论［J］．中国公路学报，1998，11（1）：35-42.

[2] Knapton J, et al. The structural design and performance of concrete block roads [C]. Proc. 3rd Inter. Conf. on Concrete Pavement Design and Rehabilitation, 1985.

[3] Knapton J, Barber S. The behaviour of concrete block pavement [C]. Proc. I. C. E. [S. L.]: Telford, 1979.

[4] 王火明．混凝土预制块路面力学行为及结构设计方法研究［D］．重庆：重庆交通大学，2014.

[5] Knapton J. The Design of Concrete Block Roads [R]. C. C. A. Report, 42.515, 1978.

[6] Concrete block paving [C]. XVIII World Road Congress Technical Committee Report, Brussels, 1987.

[7] Shaekel B. Evaluation, design and application of concrete block pavements [C]. Proc. 3rd International Conference on Concrete Pavement Design and Rehabilitation, 1985.

[8] Nishizawa T, Matsuno S, Komura M. Analysis of interlocking pavers pavementsby finite element method [C]. Proceeding of 2nd International Conference on Concrete Pavers Paving, 1984: 80-85.

[9] Nishizawa T. A tool for structural analysis of block pavements based on 3DFEM [C]. Proceeding of 7th International Conference on Concrete Pavers Paving, 2003: 1-9.

[10] 孙立军．港区堆场、道路预制块铺面结构设计方法的研究［R］．北京：交通部西部项目办公室，1997

[11] Miura Yuji, Takaura Masayuki, Tsuda Tokihiro. Structural design of concrete block pavements by CBR method and its evaluation [C]. Proceeding of 2nd International Conference on Concrete Pavers Paving, 1984: 152-156.

[12] 孙立军．现代联锁块铺面［M］．上海：同济大学出版社，2000.

[13] 张起森．高等级路面结构设计理论与方法［M］．北京：人民交通出社，2005：11.

[14] 王火明，蔡丛兵，王在杭，周刚．混凝土预制块铺面接缝渗水特性试验研究［J］．公路交通技术，2012（4）：4-9.

[15] 王火明，赵军．预制块路面结构力学特性的有限元计算分析［J］．公路交通技术，2011（6）：16-20.

[16] 郑木莲，王崇涛，陈拴发，王秉纲．路面内部排水系统研究［J］．西安建筑科技大学学报（自然科学版），2007（4）：529-536.

[17] 郑木莲．多孔混凝土排水基层研究［D］．西安：长安大学，2004.

[18] 刘娟红，王胜永，王波，王俊杰．无砂透水混凝土在北京市南北长街道路工程中的应用研究［J］．混凝土，2006（3）：81-83.

[19] 于文，侯相深，郑翔．农村公路联锁块路面荷载应力分析［C］．第四届全国公路科技创新高层论坛，2008.

[20] 何伟军．弹石路面面层施工工艺探讨［J］．山西建筑，2010，36（17）：262-263.

[21] Knapton J, et al. The behaviour of concrete block pavement [C]. I. C. E. Part1, 1979.
[22] 中华人民共和国交通运输部．公路工程无机结合料稳定材料试验规程（JTG E51—2009）[S]. 北京：人民交通出版社，2009.
[23] 李立寒．道路工程材料 [M]. 5 版．北京：人民交通出版社，2010.
[24] 汪振双，王立久．混凝土架构理论的砂浆比偏离研究 [J]. 大连理工大学学报，2012（1）：52-57.
[25] 王立久，曹明莉．混凝土架构模型研究 [J]. 武汉理工大学学报，2006（1）：48-54.
[26] 魏宏森，曾国屏．系统论 [M]. 北京：清华大学出版社，1995.
[27] 沙爱民．半刚性基层的材料特性 [J]. 中国公路学报，2008（1）：1-5.
[28] 孙洪德．基于胶浆理论的水泥稳定砂砾组成设计参数及骨架状态评价数据研究 [M]. 西安：长安大学，2006.
[29] 沙爱民，胡力群．半刚性基层材料的结构特征 [J]. 中国公路学报，2008（1）：1-5.
[30] 沙爱民，贾侃，李小刚．半刚性基层材料的疲劳特性 [J]. 交通运输工程学报，2009（3）：29-33.
[31] 胡力群，沙爱民，翁优灵．骨架孔隙结构水泥稳定碎石配比设计及路用性能 [J]. 公路交通科技，2006（6）：22-26.
[32] 蒋应军．基于振动法设计的抗裂型水泥稳定碎石基层应用研究 [J]. 公路，2008（12）：36-40.
[33] 蒋应军，陈忠达，彭波，等．密实骨架结构水泥稳定碎石路面配合比设计方法及抗裂性能 [J]. 长安大学学报（自然科学版），2002（4）：9-12.
[34] 蒋应军，李明杰，张俊杰，等．水泥稳定碎石强度影响因素 [J]. 长安大学学报（自然科学版），2010（4）：1-7.
[35] 李明杰，蒋应军，张俊杰，等．半刚性基层材料振动试验方法 [J]. 交通运输工程学报，2010（1）：6-12.
[36] 孟庆营，周卫峰，赵可．水泥稳定碎石混合料静压法与振动法成型工艺的比较研究 [J]. 公路交通科技，2007（1）：21-25.
[37] 周卫峰，赵可，王德群，等．水泥稳定碎石混合料配合比的优化 [J]. 长安大学学报（自然科学版），2006（1）：24-28.
[38] 黄会明．水泥稳定碎石混合料振动法配合比的优化设计 [J]. 中外公路，2010（5）：251-256.
[39] 王艳，倪富健，李再新．水泥稳定碎石基层温缩性能试验及预估控制 [J]. 东南大学学报（自然科版），2008（2）：260-264.
[40] 孙兆辉，许志鸿，陈兴伟，等．水泥稳定碎石基层材料干缩变形特性的试验研究 [J]. 公路交通科技，2006（4）：27-32.
[41] 程箭，许志鸿，李淑明，等．水泥稳定碎石静态模量与动态模量比较 [J]. 建筑材料学报，2009（1）：63-66.
[42] 呙贵春，王捷，陈飞．水泥稳定碎石无侧限抗压强度与抗压回弹模量的关系 [J]. 公路，2007（1）：171-174.
[43] 于新，黄晓明．低剂量水泥稳定碎石基层干缩温缩性能研究 [J]. 公路交通科技，

2007 (7): 63-66.
[44] 朱云升，郭忠印，陈崇驹，等．半刚性基层材料干缩和温缩特性试验研究［J］．公路，2006 (2): 145-147.
[45] 刘清芳．水泥稳定碎石半刚性基层材料的抗裂性能分析［J］．中南公路工程，2004 (2): 73-75.
[45] 光同文．半刚性基层温缩裂缝控制措施的研究［J］．合肥工业大学学报（自然科学版），2003 (1): 127-132.
[47] 刘子忠，曹志强．半刚性基层裂缝分析及防治措施［J］．公路，2006 (7): 315-317.
[48] 杨红辉，唐娴，郝培文，等．半刚性基层材料抗裂性评价方法［J］．长安大学学报（自然科学版），2002，22 (4): 13-15.
[49] 潘宝峰，王琰，张铁志．无机结合料稳定铁尾矿砂冻融特性的研究［J］．低温建筑技术，2010 (1): 8-10.
[50] 张大宁，张铁志，俞清荣．建筑垃圾在道路基层中的应用研究［J］．路基工程，2010 (1): 55-57.
[51] 胡力群，沙爱民．水泥稳定废黏土砖再生集料基层材料性能试验［J］．中国公路学报，2012 (3): 74-79.